ये जगह धड़कती है

(ग़ज़ल-संग्रह)

ये जगह धड़कती है

ओम प्रभाकर

भारतीय ज्ञानपीठ

लोकोदय ग्रन्थमाला : ग्रन्थांक 1170
ग्रन्थमाला सम्पादक
रवीन्द्र कालिया
सह-सम्पादक
गुलाबचन्द्र जैन

ISBN 978-93-263-5112-6

ये जगह धड़कती है
(ग़ज़ल)
ओम प्रभाकर

पहला संस्करण : 2013
मूल्य : 130 रुपये

प्रकाशक : **भारतीय ज्ञानपीठ**
18, इन्स्टीट्यूशनल एरिया, लोदी रोड, नयी दिल्ली-110 003

मुद्रक : चार दिशाएँ प्रिंटर्स, नोएडा

आवरण चित्र : राधेश्याम अग्रवाल
आवरण-सज्जा : ज्ञानपीठ कला प्रभाग

YE JAGAH DHADAKTI HAI
(Ghazal)
by Om Prabhakar

Published by
Bharatiya Jnanpith
18, Institutional Area, Lodi Road
New Delhi-110 003
e-mail : jnanpith@satyam.net.in, sales@jnanpith.net
website : www.jnanpith.net

First Edition : 2013
Price : Rs. 130

जनाब शकील ग्वालियरी
शम्सुर्रहमाम फ़ारूक़ी
और
फ़ुज़ैल ज़ाफ़री के लिए
सम्मान के साथ

इसी जगह बैठा था वो, ये जगह धड़कती है;
ढूँढो तो मिट्टी में जज़्बा यहीं कहीं होगा।

'ये जगह धड़कती है' : एक जायज़ा

हालिया बरसों में अनेक हिन्दी शायरों ने महज़ इस ख़याल से उर्दू पढ़ना-लिखना सीख लिया कि वे आसानी से उर्दू में नज़्म और ग़ज़ल कह सकें।

ऐसे लोगों में एक जाना-पहचाना और अहम् नाम प्रोफेसर ओम प्रभाकर का है। प्रभाकर जी शायर भी हैं, समीक्षक भी और कहानीकार भी। उनकी रचनाओं के अनुवाद कई भाषाओं के अलावा ब्रेल लिपि में भी हो चुके हैं। ओम प्रभाकर की ग़ज़लें और नज़्में 'शबख़ून' और दूसरी स्तरीय उर्दू पत्रिकाओं में प्रकाशित होकर पाठकों द्वारा प्रशंसित होती रही हैं। 'ये जगह धड़कती है' उनका पहला ग़ज़ल-संग्रह है।

इस किताब को शुरू से आख़िर तक पढ़ने के बाद इन पंक्तियों का लेखक जिस नतीजे पर पहुँचा है वो ये है कि ओम प्रभाकर के चिन्तन और अनुभव का दायरा काफ़ी विस्तृत है। बुनियादी तौर से वे इनसानी ज़िन्दगी की आन्तरिक शक्ति और उसकी रहस्यमय परछाइयों के शायर हैं। चूँकि वो ज़िन्दगी को टुकड़ों में बाँटकर देखने के बजाय उसे एक अविभाजित इकाई के रूप में देखते और महसूस करते हैं इसलिए इनसानी ज़िन्दगी का सत्य, और अनुभव तथा कलात्मकता समेकित होकर उनके अशआर की शक्ल में तब्दील हो जाती है और इस शेरी समेकता के आईने में वयक़्-वक़्त ऐसी कई दुनियाएँ नज़र आती हैं कि जिनसे पाठक को आत्मीयता और अजनबीयत दोनों तरह का अहसास होता है।

ओम प्रभाकर के कलाम में हमें सुखद आश्चर्य की अभिव्यक्ति प्रचुर मात्रा में मिलती है तो इसका सबब ये है कि ख़ुद शायर जीवन-जगत के विभिन्न पहलुओं को देखकर आश्चर्य से भर उठता है और जल्द ही इस नतीजे पर पहुँचता है कि जो कुछ भी नज़र आता है वो सब शायर के अपने वजूद का ही हिस्सा है—

समन्दर ये कोहसार, जंगल ये सहरा
ये इनसाँ के हक़ में ज़मीं की दुआ है।

सफ़र सफ़र है सफ़र में पड़ाव क्या मानी
तेरा वजूद तेरी रहगुज़र का हिस्सा है।

अजब फ़क़ीर हूँ मैं भी कि मेरी ही ख़ातिर
ये क़ायनात बसूरत ज़क़ात रक्खी है।

ओम प्रभाकर की ख़ूबी ये है कि वे अपने वजूद में गुम और उससे लबरेज़ होने के बजाय उस पर आलोचनात्मक निगाह डालने का हौसला भी रखते हैं। जिस शायर या कहिए फ़नकार में आत्म-आकलन की सामर्थ्य होती है वो अपनी इस रचनात्मक शक्ति के साथ इस पतनशील समाज का आकलन भी कर सकता है— जिसमें हम और आप ज़िन्दा हैं। यह साफ़ करना ज़रूरी है कि ये हमारा, यानी मूलतः हिन्दुस्तानी समाज नहीं है बल्कि वो समाज है जिसे पश्चिमी पूँजीवादी ताक़तों ने मुक्त जीवन और वैश्वीकरण के नाम पर हिन्दुस्तान और दूसरे एशियाई मुल्कों की तरफ़ निहायत चालाकी के साथ धकेल दिया है।

दुनिया को एक 'वैश्विक गाँव' करार देने वाली ये ताक़तें हमारे सियासतदानों, शिल्पियों, अदीबों और बुद्धिजीवियों को या तो ख़रीद चुकी हैं या फिर उन्हें बेवकूफ़ बना रही हैं। ये वो 'आलमी गाँव' हैं जिसमें आँखों में चकाचौंध और जिस्म में सिहरन पैदा कर देने की क़ुव्वत तो बहुत है मगर उसमें वो हिन्दुस्तानी सभ्यता और संस्कृति नहीं है जो हमारा अपना हज़ारों साल पुराना विरसा है। ओम प्रभाकर ने इस तल्ख़ हक़ीकत को बहुत गहराई में जाकर महसूस किया है। शेर मुलाहिज़ा हों—

ये मैं हूँ या तुम्हारा दौरे-हाज़िर
सड़क पर कौन वो औंधा पड़ा है।

मवेशी हैं न दाना है न पानी
कभी थे, इसलिए खूँटा गड़ा है।

वो हाथों में लिये था फ़ाख़्ताएँ
रखे था जेब में खँडहर का नक़्शा।

ओम प्रभाकर की ग़ज़ल में इस हक़ीक़त का गहरा अहसास मिलता है कि इस ग्लोबलाइजेशन ने सिर्फ़ सभ्यता और संस्कृति की मूर्ति को ही खंडित नहीं किया है बल्कि इनसान की जातीयता, उसकी मासूमियत और सादगी को भी छीन लिया है। शेर देखें—

कुछ मकाँ थे वहाँ तमद्दुन के
हो चुकी है उधर की बस्ती साफ़।

मिरे उठते ही गिर जाएगा शायद
तमद्दुन का शिकस्ता घर पुराना।

हमारे बुज़ुर्ग पैसे को हाथ-मैल कहते और समझते थे। मगर अब 'फ्री केपीटल' के चलते हालत ये है कि इनसानी ज़िन्दगी में दौलत ही सबसे बड़ी क़द्र बन गयी है। पेट यानी दौलत की हवस ऐसा दोज़ख़ बन गया है कि जिसके लिए बड़े से बड़ा ईंधन भी नाकाफ़ी है और इसलिए आज का इनसान भाव, विचार और संवेदनशीलता से खाली होता हुआ एक आदिम इनसान की शख़्सियत में तब्दील होता जा रहा है।

इक जहन्नम है पेट में मेरे
कितने शैतान सर उठाते हैं?

जो अक्सर बात करता था वतन पर जान देने की
उसे देखा तो पूरा पेट ही था, सर नदारद था।

भाषा, शैली और विचारों के एतबार से ओम प्रभाकर आधुनिक ग़ज़ल परम्परा के शायर हैं गो कि ग़ज़ल की क्लासिक रवायत से भी उनका अच्छा परिचय है। उनके बहुत से अशआर अहसास के नयेपन और भाषा-शैली के अनोखेपन के सबब बेहद पुरकशिश बन पड़े हैं। इन्होंने ज़्यादातर अपने जज़्बातो-अहसासात को महज़ शेर की शक्ल में बयान करने के बजाय ठोस इमेजेज़ के ज़रिये पेश किया है। दो-तीन मिसालें देखिए—

ख़तूते-सनम सब उड़ा ले गयी
उन्हीं में ग़ज़ल थी हवा ले गयी।

ये किसी आँख छलकी
समन्दर तरबतर है।

जैसे कुल परवाज़ पलट कर पर में आये
खेल-कूद कर बच्चे वापस घर में आये।

दादी के सन्दूक से निकले
चमकीले दीनार से चेहरे।

मज़हब की दस्तार पहन कर
चमक रहे तलवार से चेहरे।

उम्मीद है कि उर्दू-हिन्दी दोनों हल्क़ों में ओम प्रभाकर के इस दिलकश ग़ज़ल-संग्रह 'ये जगह धड़कती है' को सम्मानजनक स्वीकृति मिलेगी। मेरी ये ख़्वाहिश है कि उर्दू अकादमियाँ इस मज़्मुए को हिन्दी शायर का कलाम समझकर नज़रअन्दाज़ करने के बजाय इसकी तरफ पूरी तवज्जो दें।

—प्रो. फुज़ैल ज़ाफ़री

सम्पर्क : 2-C/602, धीरज उपवन,
सिद्धार्थ नगर के सामने,
बोरीवली, ईस्ट; मुम्बई-400066
फोन : 022-28870848

हवा सरगोशियाँ करती है

ओम प्रभाकर की ख़ूबी ये है कि वो ग़ज़ल में नयी बात कहते हैं। नज़्म तो नयी बात के लिए ही होती है, लेकिन ग़ज़ल में इतनी बहुत सारी बातें कही जा चुकी हैं और वो सब बातें अमूमन एक ख़ास तरह की होती हैं कि नयी बात कहना ग़ज़ल के शायर के लिए बड़े जोख़िम का काम है। नयी बात कहने की कोशिश में ग़ज़लगो आम तौर पर भोंडी या बेलुत्फ़ बात कह जाता है इसकी बहुत-सी वजहें हैं, लेकिन बुनियादी वजह वही है जो मैंने ऊपर बयान की है। ग़ज़ल में बहुत कुछ कहा जा चुका है और कहा जा सकता है, लेकिन इसे एक ख़ास ढर्रे का होना चाहिए, इस ढर्रे से बाहर निकले नहीं कि जान का ख़तरा मोल लिया नहीं! यानी ग़ज़ल का काव्यत्व ये कहता है कि तुम नयी बात नहीं कह सकते लेकिन तुम्हें नयी बात कहना चाहिए। इसी चक्कर में पड़ कर कोई शायर सियासत का राग अलापता है, कोई समाज-सुधार का, कोई फ़लसफ़ा बघारता, कोई अपनी तारीफ़ करने लगता है कि देखो हम कितने अच्छे आदमी हैं, कितने बावफ़ा हैं, कितने सहिष्णु और सच्चे आशिक़ हैं वगैरह। इन झमेलों में फँसा हुआ शायर अच्छी शायरी भी नहीं लिख सकता, अच्छी ग़ज़ल लिखना तो बाद की बात है।

ओम प्रभाकर की ग़ज़लें जब पहले-पहल मेरे पास आयीं तो मुझे ये देखकर तअज्जुब हुआ कि नयी-नयी उर्दू सीखने वाला और टेढ़े-मेढ़े हरूफ़ में उर्दू लिखने वाला ये शायर न सिर्फ़ ये कि बह्र, क़ाफ़िया और रदीफ़ के लिहाज़ से सही शेर कहता है, बल्कि ये कि ज़ुबान और मुहावरे के एतबार से भी इसकी ग़ज़ल कमोबेश दुरुस्त होती है। ज़ाहिर है कि ये ख़ूबियाँ नहीं बुनियादी ज़रूरतें हैं। यद्यपि आज बहुत से शायर ये ज़रूरतें भी पूरी नहीं कर सकते, लेकिन हैं ये ज़रूरतें ही। इनका सही होना शेर के सही होने की ज़मानत तो दे सकता है, लेकिन शेर के अच्छे होने की ज़मानत नहीं दे सकता। आपके पास ईंट, सीमेंट, लोहा, लकड़ी, वगैरह न हो तो आप इमारत नहीं बना सकते लेकिन अगर आपके पास ये सामग्री प्रचुर मात्रा में हो तो भी आप दावा नहीं कर सकते कि आपने मकान बना लिया और अच्छा मकान बना लिया।

यानी मकान बनाना और चीज़ है, अच्छा मकान बनाना और चीज़ और मकान बनाने का समान रखना और चीज़। आज के ज़्यादातर शायरों के पास थोड़ा बहुत सामान है और थोड़ा बहुत सलीक़ा, जिसके बल-बूते पर वो मकान की तरह की कोई चीज़ बना लेते हैं। लिहाज़ा पहली बात जिसने मुझे प्रभावित किया वो ये थी कि ओम प्रभाकर के पास ज़रूरी सामान तो था ही, वो इस सामान को बख़ूबी बरतने का सलीका भी रखते थे। यानी इस मामूली ईंट, सीमेंट, लोहा, लकड़ी से जो कमरे, दालान और गलियारे उन्होंने बनाये थे उनमें कुछ-कुछ नयी तरह की रोशनी झलकती हुई और कुछ नयी तरह की हवा बहती हुई महसूस होती थी।

...मैंने सोचा कि कुछ तो इसकी वजह यह है कि ओम प्रभाकर एक अध्ययनशील साहित्यकार और समीक्षक हैं, लेकिन फिर विचार किया तो ऐसा लगा कि ये ख़्याल पूरी तरह सही नहीं। ओम प्रभाकर की ग़ज़ल में नयी रोशनी और नयी हवा महसूस होने की बड़ी वजह शायद ये है कि वे हिन्दी के एक प्रतिष्ठित शायर हैं और इसलिए वो उर्दू की ग़ज़ल में हिन्दी की कोमलता और ताज़गी समोने की क्षमता रखते हैं। लेकिन मैंने और ध्यान दिया तो मालूम हुआ कि मेरा ये ख़याल भी पूरी तरह दुरुस्त नहीं। हर ज़ुबान की अपनी तहज़ीब होती है और इससे बढ़कर ये कि हर साहित्यिक विधा का अपना चरित्र और परम्परा होती है। दूसरी ज़ुबान का असर और फ़ायदा दीगर ज़ुबान को तभी मिलेगा जब दोनों ज़ुबानों या दोनों विधाओं में कुछ बड़ी-बड़ी बातें एक समान हों। हिन्दी का मामला ये है कि खड़ी बोली में अभी ग़ज़ल की कोई परम्परा नहीं है और खड़ी बोली हिन्दी की भाषाई तहज़ीब में थोड़ी बहुत संस्कृत तो है लेकिन वो भाषाई रंग-ढंग नहीं है जिसने उर्दू की ग़ज़ल को चमक-दमक बख़्शी है और जिसमें संस्कृत के साथ अरबी-फ़ारसी भी शामिल है।

लिहाज़ा ओम प्रभाकर की ग़ज़ल में जो बेतक़ल्लुफ़ी का लहज़ा और एक तरह की साफ़गोई का अन्दाज़ है, उसे तो वे शायद हिन्दी से लेकर आये हैं, लेकिन इसके अलावा जो भी है वो उनका अपना है; और उसकी पहली विशेषता ये है कि वो ग़ज़ल के लहजे में शेर कहते हैं, लेकिन मज़्मून वो लाते हैं जो आमतौर पर ग़ज़ल में नहीं बरता जाता। ये बहुत बड़ी बात है और ये ऐसा इम्तिहान है जिसमें ग़ज़लगो शायर नाकाम रहते हैं। मिसाल के तौर पर ओम प्रभाकर की ये ग़ज़ल देखिए—

हमारी ख़िल्वतों की धुन दरो-दीवार सुनते हैं
चमन में रंगो-बू की बन्दिशों को ख़ार सुनते हैं।

हवा सरगोशियाँ करती है जो चीड़ों के कानों में
उसे उड़ते हुए रंगीन गुल परदार सुनते हैं।

हवाएँ हादिसों के जो इशारे ले के आती हैं
उन्हें हम अनसुना कर दें मगर अश्जार सुनते हैं।

सभी सुनते हैं घर में सिर्फ़ अपनी-अपनी दिलचस्पी
धसकते बामो-दर की सिसकियाँ बीमार सुनते हैं।

ज़ुबाँ जो दिल में रहती है कभी लब पर नहीं आती
उसे कोई नहीं सुनता महज़ फ़नकार सुनते हैं।

इस ग़ज़ल के आख़िरी दो शेरों पर यद्यपि मुशायरे में बहुत दाद मिल सकती है, लेकिन यह दो शेर ऐसे हैं जिनमें ग़ज़ल की ज़ुबान और ग़ज़ल की नज़ाकत पूरी तरह जल्वागर नहीं हुई और यह भी कि चौथे शेर का मज़्मून तो नया है लेकिन शेर में ठीक से उभर नहीं पाया है। इस ग़ज़ल के बाक़ी तीन शेरों में वो दोनों ख़ूबियाँ मौजूद हैं जिनका मैंने ऊपर ज़िक्र किया था। ओम प्रभाकर ने ग़ज़ल की नज़ाकत और नफ़ासत को क़ायम रखते हुए ग़ज़ल के लहज़े में अपनी बात कही है और उनकी बात में एक ख़ुशगवार नयापन है। इसका अन्दाज़ा ग़ज़ल के संक्षिप्त विश्लेषण से बख़ूबी हो सकता है।

...ख़िल्वतों में ख़ामोशियाँ हैं और इन ख़ामोशियों में भी एक लय है या वह लय ही ख़ामोशी है। और चमन में रंगो-बू ने संगीत की जो 'बन्दिश' (वो छोटी-सी नज़्म या गीत जिसे शास्त्रीय गायक 'खयाल' मे गाता है) छेड़ रखी है। ख़िल्वतों की लय को सुनने वाला कोई नहीं, सिर्फ़ दरो-दीवार हैं। और चमन में रंगो-बू ने जो बन्दिश छेड़ रखी है उसे सिर्फ़ ख़ार सुनते हैं। न घर की ख़ामोश लय को कोई सुनने वाला है और न गुलशन की भीनी-भीनी बन्दिशों का कद्रदाँ कोई है। घर में सिर्फ़ दीवारें सुनती हैं जिनके कान तो होते हैं लेकिन वो बात को समझती नहीं हैं और गुलशन में काँटे हैं जिनके कान ही नहीं जो कुछ सुन सकें। कान तो गुल के फ़र्ज़ किए जाते हैं, लेकिन गुल जो कान वाला है वो कुछ सुनता नहीं है। ...इस शेर में ये पीड़ा भी है कि अच्छी चीज़ों या अच्छी या शायरी या अच्छे संगीत को समझना और पसन्द करना हर एक का काम नहीं है। फिर इस शेर में समाजी तौर पर व्यंग्य भी है कि यहाँ अच्छी चीज़ें जिन्हें मिलती हैं वो इनके योग्य नहीं होते।

दूसरे शेर में परिन्दों के लिए जो लफ़्ज़ 'रंगीन गुल परदार' जहाँ और जिस तरह और जिन मायनों में इस्तेमाल किया गया है, वह किसी भी तरह की प्रशंसा से बहुत ऊपर है। और तब कि जब यह 'परदार' लफ़्ज़ उर्दू शायरी में बहुत ही कम इस्तेमाल किया गया है। इस शेर के मज़्मून में एक तरह का आग्रह-सा है कि हवा आख़िर चीड़ के दरख़्तों के कानों में क्या कहती रहती है? 'उड़ते हुए' से आशय 'उड़ने वाले' नहीं बल्कि 'उड़ान के दौरान' है। यानी वो उड़ते रहते हैं और सुनते रहते हैं। अगर चीड़ के दरख़्तों को हम इनसान मान लें तो दूसरे और तीसरे शेर में एक नया अर्थ और सन्दर्भ... पैदा हो जाता है। और यह बात भी ध्यान देने लायक

है कि हवा तो आमतौर पर पैग़ाम या ख़ुशख़बरी लाने का काम करती थी, लेकिन इस ज़माने में वो हादिसों के इशारे ले के आती है, जिन्हें इनसान नज़रअन्दाज़ कर दें तो कर दें लेकिन क़ुदरत की चेतावनियों को क़ुदरत अमूमन नज़रअन्दाज़ नहीं करती। शायद ये हमारे प्रदूषित और पतनशील परिवेश–पर्यावरण के हादिसे हों, जिनका असर दरख़्तों पर सबसे पहले पड़ता है।

ओम प्रभाकर की दूसरी ग़ज़लों के कुछ अश्आर भी देखिए—

मौजिज़ा क़िस्मत का है या है या हाथों का हुनर
आ गिरा मेरा जिगर ही आज नश्तर पर मिरे।

बवक़्ते सुब्ह लगता था कि कुछ कुछ दस्तरस में है
जो आयी शाम हाथों से मिरे ले ली गयी दुनिया

कल रात यादे-जानाँ या चाँदनी के बाइस
बेहद चमक रहा था सीमाब तन हवा का।

तेरे जाते ही हो गया ज़ाहिर
ये खिज़ाँ किस तरफ़ से आती है।

शाम की छत पे कितनी रोशन थी
तेरी आँखों की सुरमई आवाज़।

कल शाम छत पे जाकर देखा उफ़क़ की जानिब
आकाश धीरे-धीरे धरती निगल रहा है।

देखूँ कितना लहू टपकता है
अब के खंज़र कफ़े-वफ़ा को दूँ।

ओम प्रभाकर की ज़ुबान में अभी वो सजल रवानी नहीं है जो उर्दू की ख़ासियत है। लेकिन रवानी और पुख़्तगी की मंज़िलें उन से दूर नहीं हैं। ओम प्रभाकर ने ज़िन्दगी का बहुत बड़ा हिस्सा हिन्दी अदब की ख़िदमत में गुज़ारा और नाम पैदा किया। अब जब उनकी उम्र पैंसठ बरस की हो रही है, उर्दू ने उन्हें अपनी तरफ़ खींचा है। उनका उर्दू की तरफ़ आना उनके शायराना मिज़ाज की व्यापकता और ज़ुबान की क्षमता और दिलकशी और मिठास का सबूत है। उम्मीद है कि वो बहुत दिनों तक बाग़े-उर्दू को गुलज़ार करते रहेंगे।

—शम्सुर्रहमान फ़ारूक़ी

सम्पर्क : 29-C, हेस्टिंग्ज़ रोड, इलाहाबाद-211003
मो. : 9145340662

'ये जगह धड़कती है' : अल्फ़ाज़ की नयी बन्दिशें

समकालीन उर्दू ग़ज़ल के चिन्तन पक्ष पर जब हम नज़र डालते हैं तो इस नतीज़े पर पहुँचना कुछ ज़्यादा दुश्वार नहीं मालूम होता कि ग़ज़ल के शायरों की बहुत बड़ी संख्या ज़िन्दगी की कथित सच्चाइयों पर आधारित जिस शायरी की रचना कर रही है वह काफ़ी अस्पष्ट, एकपक्षीय और काल्पनिक उलझनों से भरी हुई है। अस्पष्ट इसलिए कि अदब शून्य में तो पैदा होता नहीं; जब तक इनसान के होशो-हवास ठिकाने पर हैं तब तक उसका कोई भी कथन बेमानी हो ही नहीं सकता और मानी की मौजूदगी का पता ज़िन्दगी की सही और सच्ची जानकारी या कहिए अनुभव के बगैर मुमकिन नहीं।

दरअसल जो लोग अदब में ज़िन्दगी की सच्चाइयों की बात करते हैं वो अदब की सच्चाइयों को उतनी देर के लिए बहस से ख़ारिज कर देते हैं; जबकि हक़ीक़त ये है कि शेरो-अदब की अपनी सच्चाइयों से रहित कोई भी अनुभव कलाकृति कहलाने का हक़ नहीं रख सकता। ज़िन्दगी से हासिल किया हुआ तज़रुबा रचना-प्रक्रिया से गुज़रकर एक काल्पनिक अनुभव यानी शायर का निजी अनुभव बन जाता है और किसी रचना की शक्ल में सामने आता है और पाठक के जज़्बात और अहसासात को जगाता है। इस काल्पनिक अनुभव की अदरूनी सतह पर वो सब कुछ होता है जिसे हम फ़नकार की हक़ीक़त-पसन्दी कहते हैं।

आज की बेहतर ग़ज़लें समकालीन जीवन में बनावटी और चकाचौंध भरे महौल में गुमशुदा संस्कृति और सभ्यता के निशानात की तलाश पर केन्द्रित हैं। हक़ीक़त के काल्पनिक रूपान्तरण अर्थात् बाहरी वस्तु-सत्य को निजी वस्तु-सत्य बनाकर शायर एक ऐसी दुनिया की रचना करता है जिसमें रहकर दम तोड़ती इनसानियत जीवन में समृद्धि और विकास की मंज़िलों तक पहुँचने की कोशिश कर सके। यही वो उच्चतर लक्ष्य है जिसे सिर्फ़ काव्य-साहित्य के ज़रिये ही पाया जा सकता है। हम क्या थे, हम क्या है और हमें क्या होना चाहिए का अहसास हर इनसानी पीढ़ी की अव्वल

ज़रूरत है। यही शायद तरक़्क़ी के लिए संघर्ष की बुनियाद है। अदब ज़िन्दगी की इस ज़रूरत को अपने तौर से पूरा करता है।

ओम प्रभाकर ज़िन्दगी की सच्चाइयों को कला के सत्य के साथ क़बूल करते हैं। इसी वजह से उनकी ग़ज़ल हक़ीक़त और ख़्वाब के दरम्यान अपना रास्ता बनाती है। नतीज़तन ज़मीनी तजरुबा मनोजगत से परे के सत्याभासों तक अपनी पहुँच बना लेता है और अदृश्य-रहस्यपरक चीज़ें बड़े सलीक़े से दृश्य-बिम्बों में ढलती चली जाती हैं—

सर पे दस्ते हवा है सदियों से
ग़ैब का आसरा है सदियों से।

है कमोबेश नीलगूँ हर शै
दर्द का सिलसिला है सदियों से।

जैसे पानी हवा, हवा पानी
मुझमें तू मुब्तिला है सदियों से।

सिर्फ़ दो पाँव और वसीअ ज़मीं
ज़िन्दगी आबला[1] है सदियों से।

...और एक विराट परिप्रेक्ष्य में क्षितिज से क्षितिज तक, परत-दर-परत नये-से-नये बिम्ब उभरते चले आते हैं जो पाठक की हैरान नज़रों को पलक झपकाने की मुहलत भी नहीं देते कि दृश्य बदल जाता है—

दरो-दीवार के अन्दर दरो-दीवार ज़िन्दा हैं
शिकस्ता ख़्वाबगाहों में हसीं बीमार ज़िन्दा हैं।

पुराने चोट खाये पत्थरों के चाक़ सीनों में
लिये छैनी-हथौड़ा हाथ में मैमार[2] ज़िन्दा हैं।

इसी में रंग है बाक़ी, इसी दीवार के नीचे
क़लम सीने में घोंपे सरफ़िरे फ़नकार ज़िन्दा हैं।

ओम प्रभाकर की ग़ज़ल के अल्फ़ाज़ और बन्दिशों पर भाषागत बुद्धिजीविता की छाप नहीं है। वो शब्दों की ऐसी संगति पेश करते हैं जो उनके सहज उपचेतन की सतह पर ख़ुद-ब-ख़ुद उभरती है।

---

1. पाँव का छाला, 2. राजमिस्त्री।

एक ऐसा शायर जिसकी मातृ और शिक्षा-भाषा उर्दू के अलावा हो वो शायरी की भाषा को बहुत ज़्यादा परिनिष्ठित बनाने की तरफ ध्यान नहीं देगा। ज़ुबान की बाहरी नोक-पलक से ज़्यादा उसका ध्यान भाषा के उस स्वरूप पर होगा जो विषय की आत्मा के अनुकूल हो। इससे फ़ायदा ये होगा कि शेर में बाहरी चमक-दमक और रख-रखाव से ज़्यादा कशिश, आनन्द और नयापन पैदा होगा जो शेर की हस्ती को एक दृढ़ता और बुलन्दी देगा। बाग़-बग़ीचे, हवा, ख़ुशबू, परिन्दे, आस्मान, शजर, फूल, फ़स्लेगुल, ख़िज़ाँ, बालो-पर जैसे अल्फ़ाज़ से जो बिम्ब ओम प्रभाकर ने तराशे हैं उनमें इन अल्फ़ाज़ों के पारम्परिक इस्तेमाल की कायापलट ही कर दी है। अब ये महज़ रूपक ही नहीं रह जाते कि जिन पर शेर के कथ्य की बुनियाद क़ायम की गयी हो बल्कि कथ्य का हिस्सा बनकर नयी ज़िन्दगी हासिल कर लेते हैं। कुछ मिसालें मुलाहिजा हों—

कुल बग़ीचा ही बन गया नग्मा
इक परिन्दे के चहचहाने से।

ये परिन्दों का क़ौल है अब तो
आसमानों के बालो-पर आएँ।

तेरी दीवार पर ये सुर्ख़ छींटे
है इन छींटों में बालो-पर का नक़्शा।

फ़स्ले-गुल ने कहा हवाओं से
अब के लेने हमें शजर आएँ।

तूफ़ाँ के बाद देखा गुलशन के हर शजर ने
बेदम पड़ी थी ख़ुशबू ओढ़े कफ़न हवा का।

बाग़बान के जज़्बे ही तो जिस्म पहनकर
पत्तों में, फूलों में और समर[1] आए।

कभी फल-फूल से शाख़ों में लटकें
कभी आँचल से लहराएँ परिन्दे।

ओम प्रभाकर को पारम्परिक ग़ज़ल की कितनी जानकारी है ये जानने के लिए देखना ये होगा कि सहजतः किस हद तक ग़ज़ल की परम्परा उनके अल्फ़ाज़ और

---

1. फल

बन्दिशों में अपना मुनासिब मुक़ाम तलाश करती है। परम्परा का एक सिरा अतीत और दूसरा वर्तमान में होता है। साहित्य में परम्परा संस्कार, परिवेश और अध्ययन से प्रवेश पाती है। परम्परा में रुचि और आस्था होने के अनेक कारण हैं। इनमें से एक ख़ास सबब ये है कि परम्परा-ज्ञान से रचना को एक विशेष ढंग की प्रतिष्ठा और उदात्तता मिलती है; लेकिन जैसा कि पहले अर्ज़ किया जा चुका है कि रवायत की कायापलट भी की जा सकती है और आधुनिक शोरा ने इस हुनर को आज़माया भी है और कामयाब भी हुए हैं। ख़ास तौर से ग़ज़ल में परम्परा से गहन सम्पर्क और उसका सार्थक उपयोग अनिवार्य माना गया है। यहाँ मैं ओम प्रभाकर के ऐसे अश्आर नक़्ल करता हूँ जो ग़ज़ल-परम्परा की अच्छी समझ के बगैर नहीं कहे जा सकते। परम्परा की अच्छी समझ ये है कि शायर को उन पहलुओं का ज्ञान हो जो नये अहसासात में रूपान्तरित किए जा सकते हैं। शेर देखिए—

समझना, सोचना, सुनना नहीं जहाँ मुमकिन
कहाँ से इश्क़ में गुफ़्तार बीच में आयी?

सफ़र सभी का मुअय्ययन है एक ही दर तक
तो किस सबब से ये रफ़्तार बीच में आयी?

देखूँ, कितना लहू टपकता है
अबके खंजर क़फ़े-वफ़ा को दूँ।

मुझको छू लेता गर तिरा पत्थर
सूरते-दिल धड़क रहा होता।

मेरी सोहबत उठाने वाले को
संग भी मिस्लेगुल[1] उठाना है।

नज़र हमारी अगर हो ज़रा फ़क़ीराना
बहुत सलीस[2] ये सारा जहान दिखता है।

न मैंने और न की इमदाद तुमने
ये सूरज चर्ख़[3] पर कैसे चढ़ा है?

एक कुशल चित्रकार जानता है कि सादा-सी लकीरों में ज़िन्दगी की धड़कन किस तरह पैदा की जा सकती है। और ये भी कहा जाता है कि मूर्तिकार जब कोई बुत तराशता है तो बेजान पत्थर में जीवन की ऊष्मा को पहले महसूस कर लेता है।

---

1. फूल की तरह, 2. सरल-सहज, 3. सौरमंडल।

लेकिन ग़ौर किया जाए तो देखा जाएगा कि ग़ज़ल के शायर के सामने कोई ऑब्जेक्ट नहीं होता। शायर के अहसासात ख़ुद ही ऑब्जेक्ट की सृष्टि करते हैं और शायर उसे आर्ट की ज़ुबान मे दूसरों तक पहुँचा देता है। ख़ुदा, क़ायनात, इनसान और इनसानी मुआमलात से शायर की दिलचस्पी उसके सृजन-कर्म का एक महत्त्वपूर्ण स्रोत है। कुछ और शेर मुलाहिजा फ़रमाएँ—

वो हमसफ़र कि जो रहते हैं आख़िरी दम तक
बहुत पुरानी किसी दास्ताँ से आते हैं।

पड़ी है जा-ब-जा टूटे हुए शीशे के टुकड़ों-सी
किसी अनजान खिड़की से कभी फेंकी गयी दुनिया।

ढूँढ़ता फिरता हूँ अपना घर मैं शहरे-ख़्वाब में
रात भर सोता है कोई और बिस्तर पर मिरे।

इसी जगह बैठा था वो, ये जगह धड़कती है
ढूँढो तो, मिट्टी में जज़्बा यहीं कहीं होगा।

जा रही है ख़िजाँ बग़ीचे से
छोड़कर दामने-मुअत्तर को।

तेरे जाते ही हो गया ज़ाहिर
ये ख़िजाँ किस तरफ़ से आती है?

उर्दू शायरी में ग़ज़ल ऐसी विधा है जिसे सैकड़ों सालों से समझा जा रहा है। जिनका दावा है कि उन्होंने ग़ज़ल को उसके हक़ के मुताबिक समझ लिया है वो एक मुक़ाम पर ठहर गये हैं। और कुछ वो हैं जो ग़ज़ल को बकवास समझ कर ख़ारिज किये हुए हैं, वो सब किनारे पर खड़े तमशाई हैं। उन्हें ग़ज़ल की तूफ़ानी ताक़त का अन्दाज़ा नहीं है। कुछ लोग हैं जो ग़ज़ल कहते हैं लेकिन कुछ ऐसे भी हैं जिनसे ग़ज़ल ख़ुद ही ग़ज़ल कहलवा लेती है। उनके नज़दीक रचना-प्रक्रिया विशेष का कोई मक़्सद और मन्सूबा नहीं होता। न उन्हें समाज को आईना दिखाना होता है और न अवाम को कोई पैग़ाम देना होता है। वो न सियासत का मुँह काला करते फिरते हैं न किसी मज़हब या मज़हबी पाखण्ड का परदा फ़ाश करने जैसा कोई महान काम उनके सामने होता है। दरअसल ये सब कारोबारी हथकंडे हैं। इसके बावजूद ग़ज़ल का कैनवास इतना व्यापक है कि देखने वाली आँख को उसमें सब कुछ नज़र आ जाता है। एक हल्की रुपहली धुन्ध में लिपटा हुआ वह सब कुछ जो वास्तविक दुनिया के लोगों व चीज़ों से कहीं ज़्यादा दिलचस्प और सार्थक है।

ओम प्रभाकर का ग़ज़ल संग्रह 'ये जगह धड़कती है' ऐसी रंगारंग कल्पनाओं का संगह है कि जिसमें जीवन और जगत् को जिन दृष्टिकोणों से देखा गया है उनमें ज़्यादातर शायर के मौलिक हैं। विषय-वस्तु की विविधता, चिन्तन की गहराई और पानी की तरह सहज बहती हुई भाषा-शैली के साथ ओम प्रभाकर ने नयी ग़ज़ल के क्षेत्रफल में ध्यान देने लायक़ वृद्धि की है। इस सबके अतिरिक्त मुझे यह भी लगता है कि 'ये जगह धड़कती है' की ग़ज़लों की ताज़ाकारी, मासूमियत और वैचारिक पुख़्तगी और नयेपन की मिसाल तलाश करने के लिए मुमकिन है मुल्क़ की सरहद को पार करना पड़े।

—शकील ग्वालियरी

सम्पर्क : लौहागढ़, लेले रोड़,
लश्कर, ग्वालियर, म.प्र.
मो. : 9425704068

अनुक्रम

मुमकिन है वो भी हो तन्हा यहीं कहीं होगा
अपना सबसे उम्दा लम्हा[1] यहीं कहीं होगा।

ये कैसी आवाज़, कहीं कुछ टूटा है शायद
यहीं कहीं दिल होगा, सद्मा[2] यहीं कहीं होगा।

वो रुख़्सत[3] का लम्हा, दिन में चाँद-गहन[4] गोया
उस लम्हे का धुँधला चेहरा यहीं कहीं होगा।

यहीं बैठकर हमने घंटों बातें की चुपचाप
उस चुप्पी का गूँगा नग़्मा यहीं कहीं होगा।

इसी जगह बैठा था वो, ये जगह धड़कती है
ढूँढो तो, मिट्टी में जज़्बा[5] यहीं कहीं होगा।

1. अच्छा वक़्त, 2. दुख, 3. विदा, 4. चन्द्र-ग्रहण, 5. अनुभूति।

धुन्ध के पार कहीं रोशनी उछलती है
ग़ोशा-ए-गुम[1] में कोई ज़िन्दगी उछलती है।

मैं देखता हूँ कि दरया जहाँ पे गिरता है
उसी ढलान से मछली कोई उछलती है।

सभी हैं घर में बमामूल[2] अपनी-अपनी जगह
कि चौंकता है कोई बेकली[3] उछलती है।

हवा की छेड़ से बलखाते हुए दरया में
चाँद को साथ लिये चाँदनी उछलती है।

ये सिर्फ़ जानता है नग़मागर[4] कि नग़मे में
कहाँ पे चीख़, कहाँ ख़ामुशी उछलती है।

नहीं है जिस पे सिवा जिस्म के कोई पूँजी
उसी के हाथों नयी ज़िन्दगी उछलती है।

बज़्मे-इशरत[5] के उबलते हुए हंगामे में
आग को सर पे रखे तीरगी[6] उछलती है।

---

1. अज्ञात कोना, 2. रोज़ की तरह, 3. बेचैनी, 4. गायक, 5. राग-रंग की महफ़िल, 6. अँधेरा।

मैं गहरी नींद में था जब कि ये भेजी गयी दुनिया
अब इस्तेमाल करनी है मुझे दे दी गयी दुनिया।

बवक़्ते सुब्ह लगता था कि कुछ-कुछ दस्तरस[1] में है
जो आयी शाम, हाथों से मिरे ले ली गयी दुनिया।

पड़ी है जा-ब-जा[2] टूटे हुए शीशे के टुकड़ों-सी
किसी अनजान खिड़की से कभी फेंकी गयी दुनिया।

मेरे दर पर नये दिन को महकते फूल की सूरत
सहर[3] जो रख गयी थी, शाम को लेती हुई दुनिया।

ये अपना देश है, आ जाएँगे वापस यहीं, फिर भी
चलो, ढूँढें उसे जो ख़्वाब में देखी गयी दुनिया।

---

1. हाथ की पहुँच, 2. यहाँ-वहाँ, 3. सुबह।

सर पे दस्ते[1]-हवा है सदियों से
ग़ैब[2] का आसरा है सदियों से।

चश्मे-इनसाँ है आज तक पुरनम[4]
ये भी एक मुद्दआ[5] है सदियों से।

है कमोबेश[6] नीलगूँ[7] हर शै
दर्द का सिलसिला है सदियों से।

जैसे पानी हवा, हवा पानी
मुझमें तू मुब्तिला[8] है सदियों से।

सिर्फ़ दो पाँव और वसीअ[9] ज़मीं
ज़िन्दगी आबला[10] है सदियों से।

---

1. हाथ, 2. रहस्यमय, 3. मनुष्य की आँखें, 4. अश्रुपूरित, 5. विषय, मामला, 6. कम-ज़्यादा, 7. नीली, 8. संलग्न, 9. विस्तृत, 10. छाला।

कुछ नज़ारे हैं, कुछ नज़र बाक़ी
और कुछ कोस का सफ़र बाक़ी।

रह गया है किताब में दिन की
शाम का बाब[1] मुख़्तसर[2] बाक़ी।

इस ख़िज़ाँ[3] में भी कुछ महकता है
दिल है बाक़ी, अभी जिगर बाक़ी।

ख़ाक ही ख़ाक हूँ मगर छू मत
इश्क़ का है अभी शरर[4] बाक़ी।

वक़्ते-रुख़्सत[5] पलट के बरसी जो
है निगाहों में वो नज़र बाक़ी।

कसमसाते हैं पाँव के छाले
है अभी भी कोई सफ़र बाक़ी।

धुल गयी थी जो तेरे अश्क़ों से
ख़त में वो ही थी इक सतर[6] बाक़ी

1. अध्याय, 2. संक्षिप्त, 3. पतझर, 4. चिंगारी, 5. विदा के समय, 6. पंक्ति।

मैं भी घंटों भूखा-प्यासा रहता
मेरे हाथों में भी कासा[1] रहता।

और न रहता कुछ भी मेरे बस में
एहसासे-हक़[2] सिर्फ़ ज़रा-सा रहता।

मैं निचोड़ता फिरता बादल-बादल
जब सहरा का पंछी प्यासा रहता।

मैं ही चलता अपने आगे-पीछे
मेरी चारों सिम्त[3] ख़ला[4]-सा रहता।

कोई रोटी देता, कोई पत्थर
फिर भी दिल में कहीं दिलासा रहता।

आख़िर में जब मेरी मुठ्ठी खुलती
उसमें ईश्वर अच्छा-ख़ासा रहता।

---

1. भिक्षा-पात्र, 2. सत्य की अनुभूति, 3. दिशा, 4. शून्य

शजर[1] है मुन्तज़िर[2] आएँ परिन्दे
गुलों के रंगो-बू गाएँ परिन्दे।

दबा कर चोंच में रंगीन किरनें
हमारी छत पे रख जाएँ परिन्दे।

तसव्वुर[3] के मैं जब दाने बिखेरूँ
हसीं लफ़्ज़ों के फँस जाएँ परिन्दे।

नज़र सय्याद[4] की पड़ने से पहले
मिरे दिल में उतर जाएँ परिन्दे।

कभी फल-फूल-से शाखों पे लटकें
कभी आँचल से लहराएँ परिन्दे।

बग़ीचे में जो आये शाहज़ादी
हवा में घुल के उड़ जाएँ परिन्दे।

बवक़्ते शाम जब सूरज कहे तो
पलट कर अपने घर जाएँ परिन्दे।

---

1. पेड़, 2. प्रतीक्षित, 3. कल्पना, 4. शिकारी।

कब तलक बैठा रहेगा ये जहाँ दर पर मेरे
और कितने दिन रहेगा आस्माँ सर पर मेरे।

मोजिज़ा[1] किस्मत का है या है ये हाथों का हुनर
आ गिरा मेरा जिगर ही आज नश्तर पर मेरे।

छटपटाता है बेचारा रेग़ज़ारों[2] से घिरा
कोई तो दस्ते-करम[3] होता समन्दर पर मेरे।

जो जहाँ पर है वहीं पर घुल रहा है दिन-ब-दिन
छा गयी है बेहिसी[4] की गर्द मंज़र पर मेरे।

गो कि रखता हूँ मैं दुश्मन से हिफ़ाज़त के लिए
नाम तो मेरा मगर लिक्खा है खंज़र पर मेरे।

ढूँढता रहता हूँ अपना घर मैं शहरे-ख़्वाब में
रात भर सोता है कोई और बिस्तर पर मेरे।

---

1. चमत्कार, 2. रेगिस्तान, 3. कृपा का हाथ, 4. संवेदनहीनता।

कभी ज़मीं से, कभी आस्माँ से आते हैं
ग़ज़ल के शेर तो दोनों जहाँ से आते हैं।

वो चन्द लफ़्ज़ धड़कते रहे जो दिल की तरह
मेरी ज़ुबान में तेरी ज़ुबाँ से आते हैं।

चले जो दर से तेरे खो गयी सभी सिम्तें[1]
बताएँ कैसे कि अब हम कहाँ से आते हैं?

जहाँ पहुँच के न लौटे कभी फ़रिश्ते भी
वो ख़ुल्द[2] हो कि न हो, हम वहाँ से आते हैं।

वो हमसफ़र कि जो रहते हैं आख़िरी दम तक
बहुत पुरानी किसी दास्ताँ से आते हैं।

1. दिशाएँ, 2. स्वर्ग।

दरो-दीवार के अन्दर दरो-दीवार ज़िन्दा हैं
शिकस्ता ख़्वाबगाहों[1] में हसीं बीमार ज़िन्दा हैं।

कहीं हैं रक्स में परियाँ[2], कहीं लश्कर[3] महाज़ों[4] पर
पसे-परदा[5] कहीं छुपकर खड़े अय्यार[6] ज़िन्दा हैं।

पुराने चोट खाये पत्थरों के चाक़ सीनों में
लिये छैनी-हथौड़ा हाथ में मैमार[7] ज़िन्दा हैं।

कभी ग़ारों[8] से आती हैं सदाएँ दर्द-आलूदा[9]
तो ये महसूस होता है कहीं दो-चार ज़िन्दा हैं।

हैं टीले दीमकों के, था जहाँ पहले कुतुबख़ाना[10]
वहाँ कीड़े-मकोड़े-घास-पत्थर-ख़ार[11] ज़िन्दा हैं।

हैं इन गड्ढों में शायद तख़्ते-शाही, मसनदे-क़ाज़ी[12]
उधर वो ठोकरें खाती हुई दस्तार[13] ज़िन्दा हैं।

इसी में रंग है बाक़ी, इसी दीवार के नीचे
क़लम सीने में घोंपे सरफ़िरे फ़नकार[14] ज़िन्दा हैं।

---

1. जीर्ण-शीर्ण शयनागार, 2. नाचती हुई परियाँ, 3. सेना, 4. युद्ध स्थल, 5. पर्दे के पीछे, 6. जासूस, 7. भवन निर्माता, 8. गड्ढों, 9. दर्द भरी, 10. पुस्तकालय, 11. काँटे, 12. न्यायाधीश का आसन, 13. पगडी, 14. कलाकार।

जिस तरफ़ चाहे तू उधर ले जा
मेरा असबाब[1] मेरा घर ले जा।

मेरे अतराफ़[2] क़त्लो-ग़ारत कर
खींच कर दिल से मेरे डर ले जा।

दोनों आँखें उखाड़ ले मेरी
मेरे मंज़र[3], मेरी नज़र ले जा।

तोड़ दे दस्तो-पा[4] कि उठ न सकूँ।
फिर मज़े से तू मेरा सर ले जा।

रेज़ा-रेज़ा[5] बिखेर दे मेरा
ज़र्रा-ज़र्रा समेट कर ले जा।

अपने हिर्सो-हवस[6] के जबड़ों में
ख़ाके-इनसानियत को भर ले जा।

---

1. सामान्य, 2. चारों ओर, 3. दृश्य, 4. हाथ-पाँव, 5. रेशा-रेशा, 6. लोभ-लालच।

चन्द अल्फ़ाज़[1], कुछ अहवाल[2] बचा रक्खे हैं
हमने दो-एक ही ऐमाल[3] बचा रक्खे हैं।

पहले गाते थे, बजाते थे हवाओं के मिज़ाज
अब तो टूटे हुए सुर-ताल बचा रक्खे हैं।

उड़ गये हुस्नो-जवानी के परिन्दे कब के
हाँ, तसव्वुर, में ख़दो-ख़ाल[5] बचा रक्खे हैं।

बैठा करता था कभी आ के जो तायर[6], उसके
इक दरीचे[7] ने परो-बाल[8] बचा रक्खे हैं।

एक नादीदा सनम[9] भी है कहीं तेरे सिवा
उसकी ख़ातिर ये महो-साल[10] बचा रक्खे हैं।

---

1. शब्द, 2. घटनाएँ, 3. काम (बहुवचन), 4. कल्पना, 5. कपोल-तिल, 6. पक्षी, 7. झरोखा, 8. पंख-रोम, 9. अदृश्य प्रियतम, 10. माह-वर्ष।

ख़ुशबू का भी वही है जो है चलन हवा का
उसका बदन हवा का है पैरहन[1] हवा का।

कल रात यादे-जानाँ या चाँदनी के बाइस[2]
बेहद चमक रहा था सीमाब-तन[3] हवा का।

सदियों गया वो उसके पीछे हदे-जहाँ तक
लेकिन न ढूँढ पाया मुल्को-वतन हवा का।

अपने बदन से हट कर महसूस कर सको तो
तुमको दिखाई देगा उरियाँ[4] बदन हवा का।

मेरे क़रीब आयी ख़ुशबू हवा पहन कर
पलटी तो बन गयी थी ख़ुद पैरहन हवा का।

तूफ़ाँ के बाद देखा गुलशन के हर शज़र ने
बेदम पड़ी थी ख़ुशबू ओढ़े कफ़न हवा का।

---

1. पोशाक, 2. कारण, 3. पारे-सा, 4. निर्वस्त्र।

लफ़्ज़ औराक़[1] से उतर आएँ
अक़्स आईने तोड़कर आएँ।

ये परिन्दों का क़ौल[2] है अब तो
आसमानों के बालो-पर आएँ।

तेरे जैसा ख़ला में है कोई
उसको देखूँ तो सब नज़र आएँ।

जिनको उसकी है जुस्तजू[3] वो सब
लेके हाथों में अपना सर आएँ।

फ़स्ले-गुल ने कहा हवाओं से
अबके लेने हमें शजर[4] आएँ।

लम्स[5] हल्का-सा उन निगाहों का
सारे ज़ख़्मे-निहाँ[6] उभर आएँ।

1. पृष्ठों, 2. कथन, 3. ज़रूरत, 4. पेड़, 5. स्पर्श, 6. छिपे घाव।

सब हैं, सो मैं भी इस सफ़र में हूँ
दिन में गर्दिश[1] में, रात घर में हूँ।

गो कि देखा नहीं वो दहशतगर्द[2]
शाम को ख़ौफ़[3] शब ख़तर[4] में हूँ।

कर नहीं पाता कोई अच्छा काम
जाने किसकी बुरी नज़र में हूँ।

मुँह से सच बात कम निकलती है
किसी आसेब[5] के असर में हूँ।

धीरे-धीरे धसक रहा हूँ मैं
थोड़ा दीवार, थोड़ा दर में हूँ।

---

1. चलना-फिरना (काम-काज), 2. आतंकवादी, 3. डर, 4. ख़तरा, 5. प्रेत-बाधा।

कुल समाअत[1] दुखी सदा[2] को दूँ
जिस्म धरती को, जाँ हवा को दूँ।

अपनी सारी मताए-अक़्लो-ख़िरद[3]
रूठने की तेरी अदा को दूँ।

कुल अनासिर[4] अलग-अलग करके
कुछ तुझे और कुछ ख़ुदा को दूँ।

इक धनक[5] है मेरी निगाहों में
तेरी ज़ुल्फ़ों को या घटा को दूँ।

देखूँ कितना लहू टपकता है
अब के खंज़र क़फ़े-वफ़ा को दूँ।

---

1. सुनना, 2. आवाज़, 3. बुद्धि-विवेक की पूँजी, 4. पंचतत्त्व, 5. इन्द्रधनुष, 6. वफ़ा का हाथ।

मेरा घर से निकलना था ज़रूरी
अकेलापन पिघलना था ज़रूरी

कभी आबे-रवाँ[1] के साथ मेरा
चट्टानों से फिसलना था ज़रूरी।

कहीं पहुँचे बिना मुझको भी रस्मन[2]
सभी के साथ चलना था ज़रूरी।

दहकती आग में, हिर्सो-हवस[3] की
मेरा अन्दर से जलना था ज़रूरी।

कभी गुल की, कभी पत्थर की सोहबत
नज़रिया भी बदलना था ज़रूरी।

---

1. बहता पानी, 2. रिवाज के अनुसार, 3. लोभ-लालच।

कल तलक जहाँ बख़ूबी साफ़
अब नहीं है नज़र में कुछ भी साफ़।

कुछ मकाँ थे वहाँ तमद्दुन[1] के
हो चुकी है उधर की बस्ती साफ़।

लम्हा-दर-लम्हा बेहिसी[2] तारी[3]
दर्द इसका न उसका ग़म ही साफ़।

गिर चुके हैं सुतूनो-बामो-दर[4]
सारे मेहराब, दिल-हवेली साफ़।

जो भी हासिल था छुट गया सब कुछ
देखे दुनिया मेरी हथेली साफ़।

और अब आख़रिश ये सूरत है
तू भी बेशक्ल, ज़िन्दगी भी साफ़।

---

1. भाईचारा, 2. संवदेनहीनता, 3. छाई हुई, 4. खम्भे-छत-द्वार।

अकेला शख़्स भी तनहा नहीं है
कि वो घर से अभी निकला नहीं है।

महकता है हमारे दरम्याँ[1] जो
वो गुल हमने अभी देखा नहीं है।

ये महफिल और कुछ लम्हे कि उसने
अभी बन्दे-क़बा[2] खोला नहीं है।

ये लफ़्ज़े-इश्क़ है जिसका गुले-लब[3]
वो मुझसे बात भी करता नहीं है।

मैं यूँ चुप हूँ कि तेरी आस्तीं[4] से
लहू मेरा अभी टपका नहीं है।

समाअत[5] कम, नज़र धुँधला रही है
चिराग़े-लफ़्ज़ अब जलता नहीं है।

किसे देखे ? तुझे, ख़ुद को, जहाँ को
कलन्दर[7] ने अभी सोचा नहीं है।

---

1. मध्य, 2. अन्तर्वस्त्र का बन्धन, 3. ओठों के फूल-सा, 4. आस्तीन, 5. श्रवण-शक्ति, 6. शब्द का दीपक, 7. मस्त फ़कीर।

कैसे कह दूँ कि अपने बस में हूँ
क्या पता, किसकी दस्तरस[1] में हूँ।

ये परिन्दे निकल के मुझ में से
उड़ गये और मैं क़फ़स[2] में हूँ।

जाने कब से हूँ मैं, रहूँ कब तक
फिर से लगता है, इक नफ़स[3] में हूँ।

मिस्ले तायर[4] मैं उड़ नहीं सकता
कैद शायद किसी हवस[5] में हूँ।

फूल-तितली, घटा-धनक[6] और तू
क्या-क्या देखूँ मैं पेशोपस[7] में हूँ।

1. पहुँच-पकड़, 2. पिंजरा, 3. साँस (पल), 4. पक्षी की भाँति, 5. लालसा, 6. इन्द्रधनुष, 7. असमंजस।

कुछ है जो मुझमें रफ़्ता-रफ़्ता बदल रहा है
दिल से निकल रहा कुछ दिल में मचल रहा है।

लालो-गुहर[1] जड़ा वो सोने-सा इश्क अपना
मिट्टी में मिल रहा है, अग्नी में जल रहा है।

क्या है जो रह गया है दिल में ख़लिश[2] की सूरत
क्या है जो आह बन कर दिल से निकल रहा है।

ऐसे में छोड़ कर तू मुझको न जा कहीं, जब
महताब[3] जल रहा है, सूरज पिघल रहा है।

कल शाम छत पे जाकर देखा उफ़क़[4] की जानिब[5]
आकाश धीरे-धीरे धरती निगल रहा है।

---

1. मानिक-मोती, 2. टीस, 3. चन्द्रमा, 4. क्षितिज, 5. तरफ़।

यहाँ से वहाँ तक ख़ला ही ख़ला[1] है
मगर फिर भी जारी कोई सिलसिला है।

अभी आके जिसने मुअत्तर[2] किया घर
वो ख़ुशबू है किसकी, कहाँ की हवा है?

मेरी छत पे आकर ठहर-सा गया जो
वो महताब[3] आख़िर कहाँ से चला है?

समन्दर, ये कोहसार[4], जंगल ये सहरा
ये इनसाँ के हक़ में ज़मीं की दुआ है।

मैं तुझको बुलाऊँ, तू मुझको पुकारे
फ़ज़ा[5] में सदाओं[6] का मिलना लिखा है।

---

1. अन्तरिक्ष, 2. सुवासित, 3. चाँद, 4. पर्वत, 5. वातावरण, 6. आवाज़ों।

समझ के सोच के आख़िर ये बात रक्खी है
हदे-हयात[1] पर अपनी हयात रक्खी है।

रखा है दिन को लगाकर तलाश में अपनी
तेरी सुराग़रसी[2] को ये रात रक्खी है।

कहीं न जा तू परिन्दे ज़रा तसल्ली रख
पलट के देख, कफ़स[3] में नज़ात[4] रक्खी है।

बहुत-सी चीज़ें रखी हैं मकाने-क़ुदरत में
कहीं जनम तो कहीं पर वफ़ात[5] रक्खी है।

अजब फ़क़ीर हूँ मैं भी कि मेरी ही ख़ातिर
ये क़ायनात बसूरत ज़क़ात[6] रक्खी है।

---

1. जीवन की सीमा, 2. खोज, 3. पिंजरा, 4. मुक्ति, 5. मृत्यु, 6. दान के रूप में।

रफ़्ता-रफ़्ता[1] मेरे अन्दर इक ख़ला[2] भरने लगा।
कल का सेहतमन्द इनसाँ दम-ब-दम मरने लगा।

शुक्र है वो मुझको अपना दोस्त कहता है, मगर
अब परेशाँ हूँ कि वो कुछ-कुछ वफ़ा करने लगा।

घुल गया है इक नयापन-सा मेरे माहौल में
एक इनसाँ दूसरे से ख़ुद-ब-ख़ुद डरने लगा।

क्या हुआ था इस जगह, ये तो इबादतगाह[3] है
क्यूँ हमारी आँख में कड़वा धुआँ भरने लगा?

फिर वही ख़ेमे, क़बीले, फिर वही टकराहटें
फूलता-फलता तमद्दुन[4] नागहाँ[5] मरने लगा।

---

1. धीरे-धीरे, 2. खालीपन, 3. पूजा-स्थल, 4. भाईचारा, 5. अचानक।

जो नहीं है उसी खुले दर को
जा रहा हूँ मैं छोड़कर घर को।

अपनी दहलीज़ से मैं ता-मंज़िल
ढूँढ़ता ही रहा हूँ रहबर को।

क्या करूँ, जा के क़ब्र में लेटूँ
कैसे भूलूँ मैं मौत के डर को।

याद करता है रात भर अम्बर
तीर खाये परिन्द के पर को।

जा रही है ख़िजाँ बग़ीचे से
छोड़कर दामने-मुअत्तर[1] को।

तू भी आता है साथ-साथ कि जब
याद करता हूँ अपने दिलबर को।

1. सुगन्धित आँचल।

वो पहले से बहुत आगे बढ़ा है
हदे-बस्ती पे अब तन्हा खड़ा है।

मैं आजिज़[1] आ गया हूँ उस ख़ुदा से
जो क़ामत[2] में कहीं तिरछा अड़ा है।

वो मैं हूँ या तुम्हारा दौरे-हाज़िर
सड़क पर कौन वो औंधा पड़ा है?

मवेशी हैं, न दाना है, न पानी
कभी थे, इसलिए खूँटा गड़ा है।

कुल आलम अक्स है मेरी ज़ुबाँ का
मेरे लफ़्ज़ों में आईना जड़ा है।

न मैंने औ' न की इमदाद तुमने
ये सूरज चर्ख़[3] पर कैसे चढ़ा है?

---

1. ऊब, 2. शरीर, 3. आकाश।

न होगा जब ज़मीं पर घर का नक़्शा।
ख़ला[1] में होगा बाम-ओ-दर[2] का नक़्शा।

तेरी दीवार पर ये सुर्ख़ छींटे
है इन छींटों में बाल-ओ-पर[3] का नक़्शा।

गुज़िश्ता शब[4] कोई चिपका गया है
किवाड़ों पर हमारे, डर का नक़्शा।

वो हाथों में लिये था फ़ाख़्ताएँ[5]
रखे था जेब में खँडहर का नक़्शा।

वो इक पैकर[6] जो किरनें फेंकता है
है उसकी ज़द[7] में दुनिया भर का नक़्शा।

---

1. शून्य, 2. घर, 3. रोम-पंख, 4. पिछली रात, 5. कपोत (शान्ति का प्रतीक), 6. मानवाकृति, 7. निशाना।

जाने कब से था निहाँ[1] किसका है
ये जहाँ हो के अयाँ[2] किसका है?

मेरी हस्ती के शिकस्ता[3] घर में
ज़ेरे-बुनियाद[4] मकाँ किसका है?

ख़्वाब में चूम गया कौन मुझे
मेरे माथे पे निशाँ, किसका है?

खोलकर देख उफ़क़[5] की खिड़की
क्या है, कैसा है वहाँ, किसका है?

जल गया दिल कि उसे जलना था
अब तपिश कैसी, धुआँ किसका है?

एक ही गुल है कई बाग़ों में
उस जगह किसका, यहाँ किसका है?

1. छिपा हुआ, 2. प्रकट, 3. टूटा-फूटा, 4. नींव के नीचे, 5. क्षितिज।

जहाँ छू के देखूँ वहीं पर ख़ला[1] है
हवा में हवा के सिवा और क्या है?

तेरे बाद ये हाल है शह्रे-दिल का
न बारिश, न तूफ़ाँ, न बादे-सबा[2] है।

लिखा है जो नज़रों ने लौहे-नज़र[3] पर
वो दिल के सिवा और किसने पढ़ा है?

धसकने लगा है वो कमरा कि जिसमें
परिन्दों का छोड़ा हुआ घोंसला है।

खुला है कहीं इक दरीचा[4] अभी भी
कि जिसमें कोई ख़ूबसूरत खड़ा है।

मेरा दर्द मेरा है, उसका उसी का
तो क्यूँ ग़मगुसारी[5] का ये सिलसिला है?

---

1. खालीपन, 2. सुबह की शीतल हवा, 3. दृष्टि रूपी तख़्ती, 4. झरोखा-खिड़की, 5. हमदर्दी।

न इसको कोई ग़म, न उसको ख़ुशी है
मेरे चार सू[1] किस क़दर बेहिसी[2] है?

वही रोज़ का ढब, वही रोज़ का रंग
कि शब सो गयी है, सहर उठ रही है।

नहीं जा रहे हैं मुँडेरों से ऊपर
परिन्दों पे तारी[3] अजब बेख़ुदी[4] है।

वही हो गया है जो होना नहीं था
इसी से फ़ज़ाओं[5] में कुछ खलबली है।

तेरी याद है, दर्द है, ज़ख़्मे-दिल है
शबे-हिज्र[6] है, रोशनी-रोशनी है।

कभी एक शै थी अना[7] बेशक़ीमत
सुना है कि अब उसकी बेहद कमी है।

अलावा मिरे एक तस्वीर भी थी
उसे ढूँढ़ूँ, घर में कहाँ पर रखी है।

---

1. चारों तरफ, 2. संवेदनहीनता, 3. छायी हुई, 4. आत्म-विस्मृतति, 5. वातावरण, 6. विरह-रात्रि, 7. स्वाभिमान।

तुम्हारे बाद भी ये ज़िन्दगी महसूस होती है
शबे फुरक़त[1] में भी कुछ रोशनी महसूस होती है।

बहुत कुछ दूर रहती है जो शब मेरे शबिस्ताँ[2] से
सहर[3] उस रात की काफ़ी नयी महसूस होती है।

वो ज़ीनों और कोठों के बरहना सर्द ग़ोशों[4] में
अभी भी इक सुलगती तीरगी[5] महसूस होती है।

कभी अहसास होता है कि मैं बेकार ज़िन्दा हूँ।
तभी दुनिया मुझे मरती हुई महसूस होती है।

गये सालों के सुब्हो-शाम की रंगीन-सी चिड़िया
अभी भी जब कभी उड़ती हुई महसूस होती है।

यहाँ शायद ख़ुदा के नेक बन्दों की रिहाइश थी
यहाँ आकर मुझे कुछ ताज़गी महसूस होती है।

1. विरह की रात्रि, 2. शयन कक्ष, 3. सुबह, 4. ख़ाली ठंडे कोने, 5. अँधेरा।

तू न था और तेरा ख़्याल न था
शीश-ए-दिल पे कोई बाल न था।

मैं तेरे साथ जिस जगह था वहाँ
कोई माज़ी[1] नहीं था, हाल[2] न था।

ख़ूब देखा मगर न देख सका।
आइने में तेरा जमाल[3] न था।

मैं बनाया गया था फुरक़त[4] से
मेरी तामीर[5] में विसाल[6] न था।

तेरे आने की जब तलक थी ख़ुशी
तेरे जाने का कुछ मलाल[7] न था।

---

1. अतीत, 2. वर्तमान, 3. छवि, 4. विरह, 5. रचना, 6. मिलन, 7. पश्चात्ताप।

भूला-बिसरा वक़्त फिर मेहमान है
फिर वही आँगन, वही दालान है।

एक कमरा है कहीं जिसमें निहाँ[1]
मेरे बचपन का सरो-सामान है।

बुतक़दे[2] में जो भी है, पत्थर का है
और पत्थर का ख़ुदा इन्सान है।

बेतरह मुश्किल है तुझको देखना
सोचना लेकिन बड़ा आसान है।

जल उठा क्यूँकर मेरे दिल का चिराग़
जब कि सालों से ये घर वीरान है।

कब तुझे भूला, नहीं याद आ रहा
हाँ, तेरे होने का मुझको ध्यान है।

---

1. छिपा हुआ, 2. मूर्तिगृह।

कभी तेरे कभी मेरे सहारे
मज़े से इश्क़ ने कुछ दिन गुज़ारे।

न मैंने परबतों की ज़िल्द खोली
न अम्बर से महो-अंजुम[1] उतारे।

जहाँ दरया था अपना, रेत है अब
मगर फिर भी अलहदा हैं किनारे।

सुना है और भी अर्ज़ो-समा[2] हैं
तो फिर कोई तुझे कैसे पुकारे।

दुखी मत हो कि सूरज, चाँद, तारे
चलो, आधे मिरे, आधे तुम्हारे।

1. चाँद-तारे, 2. धरती-आकाश।

दुनिया देखी बहुत दिनों के बाद
ठीक ही थी, बहुत दिनों के बाद।

फिर भी मेरे लिए हसीं ठहरी।
शक्ल तेरी बहुत दिनों के बाद।

पढ़ ही लूँगा मैं हर्फ़-हर्फ़[1] कभी
तेरी चिट्ठी बहुत दिनों के बाद।

एक तस्वीर थी वो ग़ुंचा-लब[2]
ढूँढ़ ही ली बहुत दिनों के बाद।

बात क्या है कि तू मेरे नज़दीक
आ के बैठी बहुत दिनों के बाद।

अब न जाओ कि फिर खिज़ाओं में
तुम मिलोगी बहुत दिनों के बाद।

सब मनाज़र हैं लुक़्मा-ए-माज़ी[4]
और हम भी बहुत दिनों के बाद।

---

1. शब्दशः, 2. कली जैसे होठोंवाली, 3. दृश्य, 4. अतीत के ग्रास।

राब्ता[1] मैक़दे[2] से तोड़े हुए
अर्सा गुज़रा बहिश्त[3] छोड़े हुए।

तेरी-मेरी किताबे-उल्फ़त में
सिर्फ़ दो ही वरक[4] थे मोड़े हुए।

अब भी बैठा है वो ख़यालों में
अपना उठता बदन सिकोड़े हुए।

उसके अतराफ़[5] ख़ुशबुएँ थीं बहुत
और कुछ फूल थे निचोड़े हुए।

होंगे अब भी कहीं पे दो साये
नाख़ुशी में भी पीठ जोड़े हुए।

---

1. सम्पर्क, 2. मदिरालय, 3. स्वर्ग, 4. पृष्ठ, 5. आसपास।

हमारी ख़िल्वतों[1] की धुन दरो-दीवार सुनते हैं
चमन में रंगो-बू की बन्दिशों को ख़ार[2] सुनते हैं।

हवा सरगोशियाँ[3] करती है जो चीड़ों के कानों में
उसे उड़ते हुए रंगीन गुल परदार[4] सुनते हैं।

सभी सुनते हैं घर में सिर्फ़ अपनी-अपनी दिलचस्पी
धसकते बामो-दर की सिसकियाँ बीमार सुनते हैं।

हवाएँ हादिसों के जो इशारे लेके आती हैं
उन्हें हम अनसुना कर दें मगर अश्जार[5] सुनते हैं।

ज़ुबाँ जो दिल में रहती है कभी लब पर नहीं आती
उसे कोई नहीं सुनता महज़ फनकार सुनते हैं।

1. एकान्त, 2. काँटा, 3. कानाफूसी, 4. पंखवाले रंगीन फूल, 5. पेड़ का बहुवचन।

रात-दर-रात सो नहीं पाया
और कुछ मुझसे हो नहीं पाया।

बोल उसके थे मोतियों जैसे
मैं ग़ज़ल में पिरो नहीं पाया।

इश्क़ हल्का था एक पर की तरह
बोझ इतना भी ढो नहीं पाया।

सिर्फ़ तेरा ख़याल करके मैं
वक़्ते-रुख़सत भी रो नहीं पाया।

कितना बेदार है ये दर्दे-दिल
मेलों-ठेलों में खो नहीं पाया।

---

1. सजग।

ख़्वाब में तो यहीं कहीं देखा
वैसे कब से तुम्हें नहीं देखा।

था न मुमकिन जहाँ कोई मंज़र[1]
मैंने शायद तुम्हें वहीं देखा।

मैंने तुमको तुम्हीं में देखा है
और किसी में कभी नहीं देखा।

टुक[2] ख़्यालों में, टुक सराबों[3] में
टुक उफ़क़[4] में कहीं-कहीं देखा।

उन दिनों भी यहीं थे दिल की जगह
लौटकर आज भी यहीं देखा।

1. दृश्य, 2. थोड़ा-सा, 3. मृगतृष्णा, 4. क्षितिज।

है आख़िर वुसअते[1] दुनिया कहाँ तक
मेरी दहलीज़ से उसके मकाँ तक।

जहाँ सिम्तें[2] न सूरज-चाँद-तारे
मैं तेरे साथ आ पहुँचा वहाँ तक।

मेरी चौखट से ख़ुशबू आ रही है
हवा लायी थी कोई गुल यहाँ तक।

पड़े हैं दरम्याँ[3] सहरा पे सहरा[4]
मेरे एहसास से लफ़्ज़ो-बयाँ तक।

मेरे काँधे पे लम्से-दस्त[5] उसका
पहुँचता है कहीं ज़ख़्मे-निहाँ[6] तक।

1. व्यापकता, 2. दिशाएँ, 3. बीच में, 4. रेगिस्तान, 5. हाथ का स्पर्श, 6. अन्दरूनी घाव।

टूटकर गिर रहे हैं सितारे
कुछ हमारे हैं और कुछ तुम्हारे।

शोरो-गुल ने समाअत[1] को निगला
कौन, किसको, कहाँ से पुकारे।

जब तलक है नदी में तलातुम[2]
चलते जाएँ किनारे-किनारे।

मेरे चारों तरफ हैं हवाएँ
मैं खड़ा हूँ हवा के सहारे।

रोशनी ज़ख़्मे-दिल की है काफ़ी
हेच[3] हैं चाँद-सूरज-सितारे।

तेरे आते ही खिड़की से बाहर
चल दिये हैं माहो-अंजुम[4] बेचारे।

आ गिरा मेरे दर पे ये गुल क्यूँ
क्या ख़िजाँ[5] कर रही है इशारे।

---

1. श्रवण-शक्ति, 2. तेज़ बहाव, 3. तुच्छ, 4. चाँद-तारे, 5. पतझर।

और जो कुछ था लुटा रक्खा है
शीशा-ए-इश्क़[1] बचा रक्खा है।

रात को चाँद ने सोने न दिया
दिन को सूरज ने जगा रक्खा है।

तेरे दामन का कोई धागा था
हमने दस्तार[2] बना रक्खा है।

ढूँढ़ता हूँ मैं वो लम्हा जिसने
तेरे चेहरे को छिपा रक्खा है।

ये जो सर है वो तेरे आने तक
मैंने काँधों पे उठा रक्खा है।

पहली बारिश का वो भीगा चेहरा
कुछ मुँडेरों पे लिखा रक्खा है।

1. प्रेमांश, 2. पगड़ी

लम्हे झड़ते हैं बालो-पर[1] की तरह
मैं हूँ खँडहर के बामो-दर[2] की तरह।

अब तो गुज़रेंगे यूँ ही रोज़ो-शब
शाख़ पर सूखते समर[3] की तरह।

देख लेना उसे भी एक नज़र
कोई बैठा हो मुन्तज़र[4] की तरह।

हिज्र[5] की सर्द रात और ये तपिश
दिल में कुछ है कहीं शरर[6] की तरह।

ज़ख़्मी होना ही था हिरन मेरा
तीर आया था इक नज़र की तरह।

---

1. रोम-पंख, 2. छत-द्वार, 3. फल, 4. प्रतीक्षारत, 5. विरह, 6. चिंगारी।

मेरा दिल और तेरा नश्तर[1] पुराना
विसालो-हिज्र[2] का चक्कर पुराना।

अगर होती तो क्यूँ मिलती न मंज़िल
वही रस्ता, वही रहबर[3] पुराना।

मुझे फ़रहाद[4] को लिखनी है चिट्ठी
कहीं मिल जाये इक शहपर[5] पुराना।

निकलते हैं इसी से ख़ुल्दो-दोज़ख[6]
हर इक दिल में है इक तलघर पुराना।

अब इसमें वसवसे[7] उठने लगे हैं
कोई ले जाय मेरा सर पुराना।

मिरे उठते ही शायद गिर पड़ेगा।
तमद्दुन[8] का शिक़स्ता घर पुराना।

---

1. खंज़र, 2. संयोग-वियोग, 3. पथ-प्रदर्शक, 4. ईरान का एक प्राचीन प्रेमी, 5. डैना, 6. स्वर्ग-नरक, 7. बुरे विचार, 8. भाईचारा।

निकल के यूँ गया वो जानो-तन से
नज़र जैसे निकलती है नयन से।

हदे-अल्फाज़[1] तक नायाब[2] है वो
कहाँ तक काम लूँ शेरो-सुख़न[3] से।

कभी झूमर कभी, झाँझर लगे है
किरन, मौजों[4] के अल्हड़ बाँकपन से।

ये वन, कोहसार[5], सहरा[6] औ' समन्दर
उगे धरती से या टपके गगन से।

न तन्हा गुल[7] हुआ तम्सील[8] तेरी
चमन सालिम[9] उठा लाया चमन से।

1. शब्दों की सीमा, 2. अप्राप्य, 3. कविता, 4. लहरों, 5. पर्वत, 6. रेगिस्तान, 7. अकेला फूल, 8. उपमा, 9. सम्पूर्ण।

गुज़र गया जो नज़र से, नज़र का हिस्सा है
शजर[1] से उड़ता परिन्दा शजर का हिस्सा है।

तुम्हारा दर्द अगर दर्दे–नारसाई[2] है
तुम्हारा दर्द हमारे जिगर का हिस्सा है।

न वो तुम्हारे यहाँ है, न वो हमारे यहाँ
उदास चूल्हा कहो किसके घर का हिस्सा है?

जहाँ के लोग ख़ुदा के करम[3] पे ज़िन्दा हैं
इलाक़ा वो भी हमारे नगर का हिस्सा है।

बना रहे जो हमेशा वो घर बना ही नहीं
मकाँ तुम्हारा, तुम्हारे सफ़र का हिस्सा है।

---

1. पेड़, 2. साधनहीनता, 3. कृपा, 4. अस्तित्व।

तुझसे लागी लगन अलग-सी है
ये तपिश, ये जलन अलग-सी है।

शब का बिस्तर भी कुछ अलग ही था
दिन की सिलवट-शिकन अलग-सी है।

कुछ चमकता है, कुछ महकता है
ज़ख़्मे-दिल की फबन[1] अलग-सी है।

यूँ तो दिल में खलिश[2] थी पहले से
इन दिनों की चुभन अलग-सी है।

जब से बैठा है वो यहाँ आकर
चाँदनी में जलन अलग-सी है।

अब भी हिज्रो-विसाल[3] हैं लेकिन
ये उदासी-थकन अलग-सी है।

---

1. शोभा, 2. खरोंच, 3. विरह-मिलन।

कुछ यादें और खाली घर
कुछ साकित[1] और कुछ थर-थर।

लफ़्ज़ गिरे सुन्दरता पर
तितली पर गोया पत्थर।

ताइर[2] मेरे सीने में
रोज़न[3] में लरज़ाँ[4] शहपर।

खुलते ही सन्दूक बड़ा
पुरखे निकले बन-ठन कर।

रख देता है कौन सुबह
तह करके शब की चादर।

हुस्न खुले यूँ लफ़्ज़ों में
कोहरे में जैसे मंज़र[5]।

---

1. स्थिर, 2. पक्षी, 3. रोशनदान, 4. काँपता हुआ, 5. दृश्य।

याद रखने से भूल जाने से
कट गये दिन किसी बहाने से।

मैं सरापा[1] हुआ धनक-सूरत[2]
तेरे कुछ-कुछ क़रीब आने से।

घर में भूचाल आ गया गोया
सिर्फ़ दरवाज़ा खटखटाने से।

अब तो इतना ही याद आता है
कोई शिक़वा-सा था ज़माने से।

कुल बग़ीचा ही बन गया नग़्मा[3]
एक पंछी के चहचहाने से।

---

1. आपादमस्तक, 2. इन्द्रधनुष जैसा, 3. गीत-गाना।

जैसे कुल परवाज़[1] पलट कर पर में आये
खेल-कूद कर बच्चे वापस घर में आये।

तुझे देखते ही ये आँखें नज़र बन गयीं
नादीदा मंज़र[2] भी आज नज़र में आये।

बाग़बान के जज़्बे ही तो जिस्म पहनकर
पत्तों में, फूलों में और समर[3] में आये।

बाहर है तालाब हरा, अन्दर है ज्वाला
दोनों यकजा[4] कैसे एक शजर[5] में आये।

किसके पैरों को छूने साहिल की जानिब[6]
दरया सिमट-सिकुड़ कर एक लहर में आये।

---

1. उड़ान, 2. अदेखे दृश्य, 3. फल, 4. एक साथ, 5. पेड़, 6. किनारे की तरफ़।

कितनी ख़ुशलफ़्ज[1] थी तेरी आवाज़
अब सुनाये कोई वही आवाज़।

ढूँढ़ता हूँ मैं आज भी तुझ में
काँपते लब, छुईमुई आवाज़।

शाम की छत पे कितनी रोशन थी
तेरी आँखों की सुरमई[2] आवाज़।

ज़िस्म पर लम्स[3] चाँदनी शब का
लिखता रहता था मख़मली आवाज़।

ऐसा सुनते हैं, पहले आती थी
तेरे हँसने में नुक़रई[4] आवाज़।

अब इसी शोर को निचोड़ूँगा।
मैं पियूँगा छनी हुई आवाज़।

1. कर्णप्रिय, 2. साँवली, 3. स्पर्श, 4. चाँदी जैसी।

दबाव किसका है, ये कैसी नागवारी[1] है
कि बेहिसी[2] भी है थोड़ी-सी बेक़रारी है।

शुरूअ से ही जवाँ है ये भूख की औरत
शुरूअ से ये सभी को बहुत दुलारी है।

हमारे बोलों से झड़ते हैं फूल और गौहर
हमारी सोच में चलती हुई कटारी है।

हर इक मकान में पकती है एक ही रोटी
वही है कासा[3] वही शाह की ख़ुमारी है।

अभी से बुझने लगा आफ़ताब[4] का चेहरा
अभी तो शब ने महज़ एक लट सँवारी है।

ये रंज़ो-ग़म, ये मसर्रत[5], ये बेदिली घर में
हमारी आधी है, आधी सजन तुम्हारी है।

---

1. असहायता, 2. संवेदनहीनता, 3. भिक्षा पात्र, 4. सूरज, 5. ख़ुशी।

रास्ता है पुरख़तर ये सोचकर
सुब्ह से बैठा हूँ मैं दहलीज़ पर।

शाख़े-तन्हा पर ज़रा-सा आशियाँ
आशियाँ मैं आस्मानो-बालो-पर।

बेदरो-दीवार दुनिया इश्क की
खो गया संसार ज़ेरे-बामो-दर[1]।

टूटता जाता है मेरा हौसला
आ रहा है मेरी जानिब राहबर।

आज तक आये नहीं ज़ेरे-क़लम[2]
ढूँढ़ वो अलफाज़ जो हैं दरबदर।

1. छत, दीवार के नीचे 2. लिखे नहीं गये।

मुझको इस तरह उछाला होता
खेत में, बाग में डाला होता।

बन के गन्दुम[1] कि गुल[2] उभरता मैं
धूप ने आगे सम्हाला होता।

खींच कर कान[3] के मुँह से मुझको
शक्ले-औज़ार में ढाला होता।

होते कितने ही यहाँ गंगो-जमुन
मैं अगर कोहे-हिमाला[4] होता।

देस-परदेस बहम[5] हो जाते
फिर कहाँ देस-निकाला होता?

यूँ भी होता कि मेरे हाथों से
तेरे मुँह में भी निवाला होता।

जलते चूल्हे में पकती रोटी से
घर की आँखों में उजाला होता।

---

1. गेहूँ, 3. फूल, 3. खदान, 4. हिमालय पर्वत, 5. एक।

न जिसका कहीं आशियाना रहे
मिरे दिल में उसका ठिकाना रहे।

रहे अपनी मौजों में मछली मगन
मछेरे का मुझ पर निशाना रहे।

जो छीने किसी का निवाला कभी
न उसका कहीं आबोदाना[1] रहे।

रहें बाग़ में नाचते रंगो-बू
फ़ज़ाओं में भी गुनगुनाना रहे।

दुआ है कि आँगन में किलकारियाँ
मुँडेरों पे टुक[2] चहचहाना रहे।

1. दाना-पानी, 2. थोड़ा-थोड़ा।

उड़ानों से अम्बर बचा ही नहीं
परिन्दे को लेकिन मिला ही नहीं।

किसी से कहूँ भी तो मैं क्या कहूँ
मिरा तो कोई मुद्दआ ही नहीं।

शबो-रोज़[1] भटके है दर-दर हवा
हवा का कहीं घर बसा ही नहीं।

अलहदा हुआ हमसे किस दिन ख़ुदा
क़िताबों में हमने पढ़ा ही नहीं।

कहा माँ ने, बेटा, ख़ुदा से डरो
वो 'डर' ज़िन्दगी भर गया ही नहीं।

---

1. रात-दिन

अब जाकर अहसास हुआ है
तेरे-मेरे बीच ख़ला[1] है।

मैं ज़मीन पर घूम रहा हूँ
आसमान में तू अटका है।

जिस बस्ती का मैं बाशिन्दा
वो बस्ती बहता दरया है।

बर्गे-गुल[2] पर चाँद के छींटे
तिफ़्ल[3] के मुँह पर दूध लगा है।

दस्तक पर दस्तक रोज़ो-शब
दर खोलो तो सिर्फ़ हवा है।

कितना दरयादिल है वो रब
जिसने सहरा अता[4] किया है।

---

1. शून्य, 2. फूल की रानी, 3. शिशु, 4. दान।

निकले हैं दीवार से चेहरे
बुझे-बुझे बीमार से चेहरे।

अपने मिलने वालों के हैं
क्यूँ इतने लाचार से चेहरे?

मेरे घर के हर कोने में
आ बैठे बाज़ार से चेहरे।

अर्सा हुआ नहीं देखे हैं
हमने सुर्ख़ अनार से चेहरे।

दादी के सन्दूक से निकले
चमकीले दीनार[1] से चेहरे।

मज़हब की दस्तार[2] पहनकर
चमक रहे तलवार से चेहरे।

---

1. सोने का सिक्का, 2. पगड़ी।

ज़रूरी हैं अब जब भले आदमी
नहीं हैं कहीं तब भले आदमी।

न दैरो-हरम[1] में, न संसद में हैं
कहाँ जा छिपे सब भले आदमी?

न दिन में सही, ख़्वाब में ही कभी
दिखा दे तू या रब! भले आदमी।

पुरानी क़िताबों, तसावीर[2] में
मिले ग़ालिबन[3] अब भले आदमी।

ये बच्चे भी टुक[4] देख लेते उन्हें
मिलेंगे कहाँ, कब भले आदमी!

लड़कपन में देखा-सुना था जिन्हें
वो क्या थे लबालब भले आदमी।

1. मन्दिर-मस्जिद, 2. तस्वीरों, 3. शायद, 4. ज़रा।

अगर आस्माँ मेरे सर पर गिरेगा
तो सर भी किसी संगे-दर[1] पर गिरेगा।

हवा लाये या लाये कोई कबूतर
तेरा ख़त हमारे ही घर पर गिरेगा।

न होगी झपकने की पलकों को फ़ुरसत
नज़ारा उछल कर नज़र पर गिरेगा।

शजर[2] देगा दुनिया को फल-फूल हरदम
मगर संगे-दुनिया शजर पर गिरेगा।

अजाब[3] आसमानी हो या हो जहाँनी
हमारे ही जानो-जिगर पर गिरेगा।

---

1. प्रिय की दहलीज़ का पत्थर, 2. पेड़, 3. कष्ट-आपदा।

बढ़ा जो हाथ तो दीवार बीच में आयी
उठी निगाह तो मीनार बीच में आयी।

सफ़र सभी का मुअय्यन[1] है एक ही दर तक
तो किस सबब से ये रफ़्तार बीच में आयी।

हिसारे-फ़र्क़[2] कभी का सिमट गया होता
कभी अना[3], कभी दस्तार[4] बीच में आयी।

समझना, सोचना, सुनना नहीं जहाँ मुमकिन
कहाँ से इश्क में गुफ़्तार[5] बीच में आयी?

दरे-बहिश्त[6] रहा दो क़दम कि लौट पड़ा
वतन की सूरते-लाचार[7] बीच में आयी।

---

1. पूर्व निश्चित, 2. भेदभाव का घेरा, 3. अहंकार, 4. पगड़ी, 5. बातचीत, 6. स्वर्ग का द्वार, 7. बेबस चेहरा।

शाख-शाख बुलबुल लिखती है
पत्ता-पत्ता गुल लिखती है

बेटी माँ से जो पढ़ती है
बच्चों में वो कुल लिखती है

सहर[1] लिखे जिसकी परेशानी[2]
शब उसके काकुल[3] लिखती है

हर लम्हे को क़लम वक़्त की
जस का तस बिल्कुल लिखती है

जब लिखती है हवा इबारत
पानी पर ढुलमुल लिखती है।

1. सुबह, 2. माथा, 3. केश।

ख़्वाब में ही मगर दिये होते
बेठिकानों को घर दिये होते।

अपने गुलशन के चार-छः ग़ुंचे[1]
नाम पतझर के कर दिये होते।

मैं भी कहता कभी सुब्हानअल्लाह[2] !
दो निवाले तो तर दिये होते।

मेरी बस्ती के कुछ दरख़्तों को
खाने लायक़ समर[3] दिये होते।

इतना बेसिम्त[4] आसमाँ देकर
दो से ज़ाइद[5] तो पर दिये होते।

---

1. कालियाँ, 2. ईश्वर-स्तुति, 3. फल, 4. असीम, 5. अधिक।

ये दुनिया जिस क़दर अच्छी-बुरी है
ये कुछ अल्फ़ाज़ की जादूगरी है।

ये हुस्नो-इश्क और मिलना-बिछड़ना
ये सब जज़्बात की कारीगरी है।

ख़िज़ाँ[1] ओढ़े कहीं बैठी है छुपकर
इसी गुलशन में इक ग़ुंचा-परी[2] है।

न चेहरे साफ़ दिखते हैं, न चीज़ें
न पहले-सी कहीं दीदावरी[3] है।

हैं जिस कासे[4] में कुछ बारिश की बूँदें
उसी कासे में रक्साँ जलपरी है।

बहुत कुछ है ज़मीं से आसमाँ तक
बहुत कुछ में ही कुछ बाज़ीगरी है।

---

1. पतझर, 2 कलियों की परी, 3. दृष्टि, 4. भिक्षा-पात्र।

मेरे ख़्वाबों का, ख़्यालों का ख़ुदा है कोई
हर्फ़ो-अल्फ़ाज़[1] के परदे में छिपा है कोई।

ढूँढ़ते फिरते हैं लम्हात[2] शबो-रोज़[3] किसे
जब कि इन पर भी नज़र रखता हुआ है कोई।

क़ब्ल[4] इसके कि मैं वहशत[5] के सबब[6] चीख़ उठूँ
पीठ पर मेरी रखे हाथ खड़ा है कोई।

कोई परबत है, फ़रिश्ता है कि साहिल का शजर[7]
झील के उरियाँ[8] बदन पर वो झुका है कोई।

न उठी मौज कोई और न किनारे काँपे
जबकि दरया[9] में अभी चाँद गिरा है कोई।

1. शब्द, 2. क्षण, 3. रात-दिन, 4. पहले, 5. डर, 6. कारण, 7. किनारे का पेड़, 8. निर्वस्त्र, 9. नदी।

यूँ भी कासे[1] में अब कुछ बचा ही नहीं
चैन की साँस लूँ, वो हवा ही नहीं।

लम्हा-लम्हा मैं चारों तरफ़ बढ़ रहा
मेरे तन के लिए अब क़बा[2] ही नहीं।

इश्क में एक वो भी था मेरे सिवा
इसलिए बारे-उल्फ़त[3] उठा ही नहीं।

यूँ भी सर पे था रख़्ते-सफ़र[4] और मुझे
रास्ते में तेरा दर मिला ही नहीं।

आख़िरी साँस तक उसको तकता रहा
उसने अच्छा-बुरा कुछ कहा ही नहीं।

कोई रोके खड़ा था मेरा रास्ता
ग़ालिबन[5] वो ख़ुदा था, हटा ही नहीं।

---

1. भिक्षा-पात्र, 2. वस्त्र, 3. प्रेम का बोझ, 4. यात्रा का सामान, 5. शायद।

ख़तूते-सनम[1] सब उड़ा ले गयी
उन्हीं में ग़ज़ल थी, हवा ले गयी।

तहे-दिल रखी थीं जो यादे-हसीं
उसे आके दुनिया उठा ले गयी।

रिवाज़ो-रिवायत की दीवार को
ये मौजे-तरक़्क़ी बहा ले गयी।

बना के घरौंदा जो फ़ारिग हुआ
तो बरसा के पानी घटा ले गयी।

मेरी सब मता-ए-दिमाग़ो-हुनर[2]
तिरे जिस्म की इक अदा ले गयी।

न कोई रहा जिसके सर पे कभी
उसे सर पे रख के कज़ा ले गयी।

मेरी आँख में एक ही ख़्वाब था
शबे-वस्ल वो भी चुरा ले गयी।

---

1. प्रिय के पत्र, 2. बुद्धि और कला रूपी पूँजी।

आँख बेनूर[1] लिखी, वस्ल का मंज़र[2] भी लिखा
दिल लिखा, ज़ख़्म लिखा, साथ में ख़ंजर भी लिखा।

सिर्फ़ पा[3] लिख के उसे ख़ास मज़ा आया नहीं
राह पुरख़ार[4] लिखी बीच में पत्थर भी लिखा।

लिख के सहरा[5] का सफ़र, तिश्नगी[6], बेचैनी लिखी
बाद में सोचकर अश्कों का समन्दर भी लिखा।

पहले तनहाई लिखी, फिर लिखी यादे-जानाँ
फिर लिखी ख़ानाबदोशी[7] कि वहीं घर भी लिखा।

पहले परवाज़[8] लिखी फिर लिखा अम्बर नीला
और फिर लिख के क़फ़स[9], उसने वहीं 'पर'[10] भी लिखा।

---

1. दृष्टिहीन, 2. संयोग का दृश्य, 3. पाँव, 4. काँटों-भरी, 5. मरुस्थल, 6. प्यास, 7. बेघर-बार का, 8. उड़ान, 9. पिंजरा, 10. पंख।

जो ख़यालों में फड़फड़ाते हैं
वो परिन्दे कहाँ से आते हैं?

जब कोई ताज़ा चोट लगती है
ज़ख़्म माज़ी[1] के गीत गाते हैं।

इक जहन्नम[2] है पेट में मेरे
कितने शैतान सर उठाते हैं!

क्यूँ समन्दर फलाँगने वाले
आ के सहरा[3] में डूब जाते हैं?

यार मेरा है बेज़ुबान[4] ग़ज़ल
दो जहाँ जिसको गुनगुनाते है।

ऐसा क्या है हमारी नज़रों में
सारे मंज़र[5] झुलसते जाते हैं।

---

1. अतीत, 2. नरक, 3. रेगिस्तान, 4. शब्दहीन, 5. दृश्य।

ज़ियादा नहीं फिर भी इतना बचा है
कि जीने के लायक़ मयस्सर[1] हवा है।

हवा में लिखा है जो शाखे-शजर[2] ने
उसे सिर्फ़ कोयल ने सुर में पढ़ा है।

शबो-रोज़[3] मेरी समाअत[4] को खींचे
घिसटने की आहट है, हर्फ़े-निदा[5] है

न जाने मैं कब से तुझे पढ़ रहा हूँ
वरक़[6] एक ही मुद्दतों से खुला है।

है दिल में गुज़िस्ता[7] दिनों का उजाला
मगर जिस्मे-ख़ाकी[8] पे शब की रिदा[9] है।

तेरी याद है इक धनक[10]-सी उफ़क़[11] पर
वगरना न सावन, न काली घटा है।

---

1. उपलब्ध, 2. पेड़ की डाल, 3. रात-दिन, 4. श्रवण क्रिया, 5. पुकार, 6. पृष्ठ 7. बीते हुए, 8. मिट्टी का शरीर, 9. चादर, 10. इन्द्रधनुष, 11. क्षितिज।

तेरी नज़र का सिक्का लालो—गुहर[1] हुआ है
कासे[2] में जो पड़ा था रख़्ते-सफ़र[3] हुआ है।

इक हादिसा हुआ था डूबे हुए दिनों में
अब जाके उसका मेरे दिल पर असर हुआ है।

क्या माँदगी थी थक कर रस्ते में सो गया मैं
तेरी तलाश में ये रस्ता ही घर हुआ है।

दिल तिश्नालब[4] हिरन था डूबा सराब[5] ही में
ऐसा तो न होना था, ऐसा मगर हुआ है।

देखा है ख़ास मुझमें क्या तूने तू ही जाने
तेरा शिकार अक्सर मेरा जिगर हुआ है।

सदियों से चल रहा है, सदियों तलक चलेगा
ये इश्क का फसाना कब मुख़्तसर[6] हुआ है।

पूछा न कुछ बताया, बस उठ के चल दिये वो
क्या शोर मेरे दिल में कल रात भर हुआ है!

---

1. माणिक्य-मोती, 2. भिक्षा पात्र, 3. पाथेय, 4. प्यासा, 5. मृगतृष्णा, 6. संक्षिप्त।

चन्द लफ़्ज़ों का ताना-बाना है
सारा मंज़र ख़यालखाना है।

मैं मरूँगा उसी के हाथों से
उसका बर्ताव दोस्ताना है।

घर की छत से जो उड़ गया उसका
तिनके-तिनके में आशियाना है।

मेरी सोहबत उठाने वाले को
संग[1] भी मिस्लेगुल[2] उठाना है।

घर की तारीकियाँ[3] सजाने को
बन से जुगनू उठा के लाना है।

1. पत्थर, 2. फूल की तरह, 3. अँधेरे।

कब हुई इब्तिदा-ए-सफ़र भूल जा
ख़त्म होगी कहाँ रहगुज़र भूल जा।

पहले ये भूल जा कैसे गुज़रा सफ़र
फिर तू अपना नगर, अपना घर भूल जा।

भूल जा तेरी आँखों का क्या काम है
अपनी पहचान को सर-ब-सर भूल जा।

जितनी तय थीं उड़ानें सभी भर चुका
आसमानो-हवा बालो-पर भूल जा।

फूल बनके खिला था किसी बाग़ में
माँ ज़मीं थी, पिता थे शजर[1] भूल जा।

डालकर तुझको मँझधार में जो गयी
वो कहाँ से उठी थी लहर भूल जा।

1. पेड़।

जाने कब से हैं मिरे काँधों पर
हाथ किसके हैं मिरे काँधों पर?

गुज़री फ़सलों के ज़र्द बर्ग़ो-गुल[1]
गिरते रहते हैं मिरे काँधों पर।

रोज़ो-शब[2] हैं कि दो थके पंछी
कब से बैठे हैं मिरे काँधों पर।

अर्सा गुज़रा मगर तिरे गेसू[3]
अब भी बिखरे हैं मिरे काँधों पर।

डूबी शामों के वो जुड़वाँ लम्हे
आ के ठहरे हैं मिरे काँधों पर।

---

1. पीले पत्ते-फूल 2. दिन-रात 3. बाल।

लग रही है परेशाँ हवा भी
कुछ तो टूटा है दिल के सिवा भी।

उठ के देखूँ पुरानी क़िताबें
होगी उनमें दवा भी, दुआ भी।

मुझको आना था तुझ तक, सो आया
गो मिला रास्ते में ख़ुदा भी।

मेरा दिल है बहुत ही कुशादा[1]
दे दिया तुझको, थोड़ा रखा भी।

नाम किसका था जिसको कि मैंने
हाफ़िज़े[2] में भी रक्खा, लिखा भी।

---

1. विशाल, 2. स्मृति।

यूँ ही गर्दन झुकाए बैठा हूँ
अपनी खिल्वत[1] बिछाए बैठा हूँ।

तुझ को दिल में समो लिया कब का
तुझ को कब से भुलाए बैठा हूँ।

क्यों नहीं गिरता टूट कर अम्बर
दोनों बाजू उठाए बैठा हूँ।

किस को आया हूँ अलविदा कह कर
किस को दिल से लगाए बैठा हूँ?

शब के जंगल में सूखी यादों की
कब से धूनी रमाए बैठा हूँ।

---

1. एकान्त।

लोगों से, चीज़ों से भरी हुई दुनिया
आधी ज़िन्दा, आधी मरी हुई दुनिया।

ज़ाहिर से तो ये टकराती रहती है
बातिन[1] से है लेकिन डरी हुई दुनिया।

सहरा-सहरा[2] धूल उड़ाती है क्यूँकर
जंगल-जंगल कैसे हरी हुई दुनिया?

राम, कृष्ण, ईसा, मूसा, गौतम आये
फिर भी क्या जुर्मों से बरी हुई दुनिया?

थोड़ी-थोड़ी सब बच्चों को दे देता
होती शीरीनी[3] से भरी हुई दुनिया।

---

1. अप्रकट, 2. रेगिस्तान, 3. मिठास।

जहाँ ज़मीं से जुड़ा आसमान दिखता है
उसी जगह मुझे अपना मकान दिखता है।

पनाहे-दश्त[1] में आया दबीज[2] शह्‌र से मैं
यहाँ भी जाल, शिकारी, मचान दिखता है।

सफ़र में आया मेरे एक शहर ऐसा भी
जहाँ पे' दूर से अम्नो-अमान[3] दिखता है।

नज़र हमारी अगर हो ज़रा फ़क़ीराना
बहुत सलीस[4] ये सारा जहान दिखता है।

सँभल के देख कि ऐ पीर[5] मेरी हस्ती में
तुझे कहीं भी ख़ुदा का निशान दिखता है?

1. जंगल की शरण, 2. सघन, 3. शान्ति, 4. सरल, 5. श्रद्धेय।

ज़िन्दगानी में पेचो-ख़म क्यूँ हैं
उनको ख़ुशियाँ, हमें अलम[1] क्यूँ हैं?

किसने बाँटी हैं इस तरह चीज़ें
कुछ पे ज़ाइद[2] हैं, कुछ पे कम क्यूँ हैं?

जिन पे हर दौर में गिरी बिजली
सरहदों के वो गाँव, हम क्यूँ हैं?

क्यूँ हैं लोगों के हाथ जेबों में
उनमें बेहिस[3] लगे क़लम क्यूँ हैं?

जिनकी बातों से, जिनकी आँखों से
शोले झरते थे, आज नम क्यूँ हैं?

जब इरादे हैं आपके पुख़्ता
लड़खड़ाते हुए क़दम क्यूँ हैं?

---

1. दुख, 2. अधिक, 3. संवेदनहीन।

जहाँ पर रास्ते में मोड़ था, रहबर नदारद था
मैं घर की सिम्त[1] जब आया तो मेरा घर नदारद था।

जो अक्सर बात करता था वतन पर जान देने की
उसे देखा तो पूरा पेट ही था सर नदारद था।

वही मैं था, वही दिन-रात, बस्ती भी पुरानी थी
क़िताबों और ख़्वाबों का मगर मंज़र नदारद था।

कहीं सर था, कहीं धड़ था, कहीं बाजू कहीं पा[2] थे
मगर क़ातिल न दिखता था कहीं, खंज़र नदारद था।

वहाँ पर एक आलीशान बँगला मुस्कराता था
मगर मेरे पिता की कब्र का पत्थर नदारद था।

---

1. दिशा, 2. पाँव।

एक ही सुब्ह मिरे दर पे खड़ी है कब से
रात की सेज अटारी पे सजी है कब से।

नीली साड़ी भी गयी, सलमा—सितारे भी गये
आख़िरे-शब का ये महताब[1] दुखी है कब से।

धूप पड़ने पे कि बारिश की झड़ी लगने पर
इक फटी छतरी मिरे सर पे खुली है कब से।

मेरे घर में हैं कई चीज़ें पुरानी ज़िन्दा
जैसे क़ुरआन पर तस्बीह[2] रखी है कब से।

क्या करूँ बन्द भी कर सकता नहीं दरवाज़ा
घर की चौखट से कोई याद टिकी है कब से।

1. चाँद, 2. जयमाला।

शजर[1] का सब्ज़ा[2] शजर से बाहर
ख़ला में ताइर है पर से बाहर।

कहीं न होगा अलावा दिल के
अगरचे है वो नज़र से बाहर।

गिरे जो दीवारो-बाम[3] घर के
न मैं था अन्दर, न घर से बाहर।

बरी था अहसासे-ख़ुद[4] से कल तब
मैं कल तलक था ख़तर से बाहर।

ये तीरे-आख़िर है तीर तेरा
सो दिल रखा है सिपर[5] से बाहर।

---

1. पेड़, 2. हरापन, 3. दीवार-छत, 4. आत्माभिमान, 5. ढाल।

जाने अपने हैं या पराये हैं
मुझमें कुछ लोग जो समाये हैं

कुछ तो ऐसे हैं जैसे हम–तुम हैं
और कुछ आस्माँ से आये हैं।

साज़े–दिल ने कभी–कभी, यूँ ही
राग–बेराग भी बजाये हैं।

वस्ल[1] तिनका था, उठ नहीं पाया
कोहे–फुरक़त[2] कई उठाये हैं।

फेंक दी जब रिदाए–ख़ाक़[3] तलक
परदे उसने तभी उठाये हैं।

1. मिलन, 2. विरह का पहाड़, 3. मिट्टी की चादर।

खोल कर रोशनी बिछाती है
शाम घर में दिया जलाती है।

फड़फड़ाहट सहर[1] के पंछी की
सारे आलम को पर लगाती है।

बन्द खुलते हैं तेरी नींदों के
मेरी सुबहों को नींद आती है।

क्या करूँ तेरे बाद भी मेरी
साँस आती है, साँस जाती है।

तेरे जाते ही हो गया ज़ाहिर
ये ख़िज़ाँ[2] किस तरफ से आती है।

---

1. सुबह, 2. पतझर।

जा रहा है जो सर झुकाये हुए
बारे-नादीदा[1] है उठाये हुए।

देखिये तो टटोल कर उसको
ख़्वाब होंगे कहीं छुपाये हुए।

क्या धड़कता है मेरे सीने में
किसको दिल से हूँ मैं लगाये हुए?

जाना मुझको भी था तेरी जानिब[2]
अर्सा गुज़रा तुझे भी आये हुए।

हैं ग़ज़ल में अभी गुलो-गौहर[3]
उसकी गुफ़्तार[4] से चुराये हुए।

अब तो ज़ंजीरे-पा[5] भी चलती है
साथ मेरे क़दम मिलाये हुए।

---

1. अदृश्य बोझ 2. तरफ़ 3. फूल और मोती, 4. बातों, 5. पाँव की ज़ंजीर।

तेरे दर का जो रास्ता निकला
वो उफ़क़[1] से भी दूर का निकला।

घर के अन्दर थी नींद की हलचल
गो कि दीवाना चीख़ता निकला।

कोई गुल-पा[2] कि ख़ुशबु-ए-गुल-पा
ख़ार[3] गुलशन में ढूँढ़ता निकला।

किस जगह होगा वो मकाँ जिससे
ये मकानों का सिलसिला निकला।

काश, मुझ-सा मिरा ख़ुदा होता
वो ज़रूरत से कुछ सिवा[4] निकला।

---

1. क्षितिज, 2. फूलों जैसे पैर, 3. काँटा, 4. अधिक।

मेरे पैरों तले जो धरती है
मेरे हाथों ही वो बिखरती है।

मैं ही दरिया की शक्ल बहता हूँ
और मछली मुझी में मरती है।

एक सूरज है मेरे सीने में
चाँदनी जिसके पर कतरती है।

कोई बेनींद रात चुपके से
शाना-ए-शाम[1] पर उतरती है।

जैसे जैसे वो हाथ धोती है
वैसे वैसे हिना[2] निखरती है।

---

1. शाम के कन्धों पर, 2. मेंहदी।

शाम के साहिल[1] से उठकर चल दिये
दिन समेटा, रात के घर चल दिये।

हर तरफ़ से लौटकर आख़िर सभी
तेरे मक़्तल[2] की तरफ़ सर चल दिये।

इक अज़ाने-बेनवा[3] ऐसी उठी
झूम कर मीनारो-मिम्बर[4] चल दिये।

है उफ़क़[5] के पार सबका आशियाँ
इतना सुनकर सारे बेघर चल दिये।

छू गये गर तेरे दामन से कभी
ख़ार[6] भी होकर मुअत्तर[7] चल दिये।

---

1. किनारा, 2. वध स्थल, 3. बेआवाज़ अज़ान, 4. मस्जिद में वह ऊँचा स्थान जहाँ से अज़ान दी जाती है, 5. क्षितिज, 6. काँटे, 7. सुगन्धित।

णाणं

पयासयं

वीर निर्वा. 2470

ई.सन् 1944

भारतीय ज्ञानपीठ

ज्ञान गरिमा के
68 वर्ष

भारतीय
ज्ञानपीठ

णाणं
पयासयं

वीर नि.सं. 2470
भारतीय ज्ञानपीठ
ई.सन् 1944